DIE STARTUP BIBEL

. . . .

Ein Buch von: Reinhard Thieler-Unge

ISBN (Hardcover):   978-3-96583-096-7

ISBN (Softcover):   978-3-96583-093-6

ISBN (E-Book):   978-3-96583-094-3

© 2019

Impressum:

Cherry Media GmbH,

Bräugasse 9,

94469 Deggendorf

www.cherrymedia.de

E-Mail des Verlags: info@cherrymedia.de

E-Mail des Autors: thieler-unge@cherrymedia.de

Druck: Wir-Machen-Druck

Die Startup Bibel

Der praxisnahe Ratgeber für eine schnelle, sichere und erfolgreiche Existenzgründung!

Auch optimal neben dem Beruf geeignet!

INHALTSVERZEICHNIS

Kostenfreies e-Book Inklusive

Beim Kauf jedes Taschenbuches von Cherry Media ist das e-Book **kostenfrei** für Sie **inkludiert**. Gehen Sie dazu einfach auf

https://link.cherrymedia.de/EPUB

oder scannen Sie den QR Code oben. Auf der Seite können Sie dann Ihren einmalig gültigen Zugangscode eingeben. Den **Zugangscode** zum e-Book finden Sie auf der **letzten Seite** des Taschenbuchs.

Wir wünschen **viel Freude** mit Ihrem **kostenfreien** e-Book!

Haben Sie Fragen zu Ihrem e-Book? Wir sind gerne für Sie da!

Sie erreichen Sie uns unter info@cherrymedia.de

Ihre kostenfreies Hörbuch

Dieses Buch können Sie als neuer Audible Nutzer kostenlos als Hörbuch genießen. Folgen Sie dem Link um sich dieses Hörbuch jetzt kostenfrei zu sichern:

https://link.cherrymedia.de/StartUpCD

Anleitung QR Code

Kann mein Handy oder Tablet QR Codes scannen?

Um herauszufinden, ob Ihr Gerät QR Codes lesen kann, öffnen Sie die Kamerafunktion und halten Sie sie ein paar Sekunden in Richtung des zu scannenden Codes. Wenn das funktioniert hat, dann erhalten Sie eine Benachrichtigung. Falls nicht, müssen Sie in „Einstellungen" das Scannen von QR Codes erlauben. Wenn Sie hier nichts auswählen können, dann kann Ihr Handy oder Tablet nicht standardmäßig QR Codes scannen. Das bedeutet, dass Sie eine Applikation (App) herunterladen müssen, welche QR Codes lesen kann.

Gehen Sie dazu einfach in Ihren AppStore und suchen Sie nach "QR Code Scanner". Jeder QR Code Scanner, den Sie dort finden, ist geeignet um unsere Codes zu scannen.

Installieren Sie einen QR Code Scanner nach Wunsch, öffnen Sie die App und scannen Sie den im Buch abgebildeten Code um zur Website zu gelangen.

KAPITEL

Erste Schritte und Must-Haves werden hier besprochen. Grundlagen vermittelt und aufbereitet.

EINLEITUNG

DER VON VIELEN ARBEITNEHMERN nicht gerade als Erfüllung angesehen. Wie Umfragen und Studien zeigen, ist der Job für die meisten Personen nur **Mittel zum Zweck**, um ein geregeltes Einkommen zu erzielen und den Lebensunterhalt zu finanzieren. Da die Arbeit allerdings mindestens 40 Stunden in der Woche und somit etwa ein Drittel des Tages unter der Woche einnimmt, ist diese Einstellung selten mit einem zufriedenen Leben verbunden. Schließlich wird ein großer Teil der Lebenszeit mit einer Tätigkeit verbracht, die keinerlei Erfüllung bringt und rein zur Erzielung des Lebensunterhaltes bestritten wird.

Ein Job-Wechsel könnte daher eine große Versuchung darstellen, um **die eigene Situation zu verändern**. Dabei besteht allerdings weiterhin die Einschränkung, dass die

SUBB1

I

eigene Arbeitskraft nicht für sich selber genutzt, sondern dem fremden Unternehmen zur Verfügung gestellt wird. Natürlich wird diese Arbeitskraft vergütet, doch oftmals entspricht das Gehalt nicht gerade den eigenen Vorstellungen davon, wie viel man eigentlich Wert sei. Anstatt die eigenen Fähigkeiten jemand Fremdes zu überlassen, sodass dieser davon profitieren kann, ist es sicherlich verlockender, wenn die Arbeitskraft für sich selber genutzt wird.

Naheliegend ist daher der Weg in die Selbstständigkeit. Allerdings bedeutet die Selbstständigkeit auch immer ein gewisses Risiko. Es ist nicht immer gesichert, dass die Idee auch wirklich auf dem Markt erfolgreich sein wird und selbst wenn diese sich als erfolgreich erweist, müssen dennoch weiterhin Rechnungen beglichen werden. Ein Weg in die Selbstständigkeit besteht daher, indem der Hauptberuf weitergeführt und nebenbei das eigene Gewerbe aufgebaut wird. Dies ist eine sehr gute Möglichkeit, um das Risiko zu minimieren. Gerade wenn Familie vorhanden ist und weitere Verpflichtungen dazu führen, dass jeden Monat ein festes Einkommen notwendig ist, sollte der Hauptberuf nicht gleich aufgegeben werden. Dies könnte finanziell den Ruin bedeuten

SUBB2

und oftmals führt dies zu Spannungen innerhalb der Familie. Sicherer ist es, das Gewerbe neben dem Beruf aufzubauen.

Auf den ersten Blick klingt dies wie eine Mammut-Aufgabe. Schließlich nimmt der Hauptberuf bereits einen Großteil der Zeit ein. Allerdings ist die Gründung auch mit etwas weniger zur Verfügung stehenden Zeit möglich. Es geht eher darum, diese so effizient wie möglich zu nutzen. In den folgenden Kapiteln werden die Grundlagen gelegt, damit die Selbstständigkeit zum Erfolg führt. Durch das Lesen dieses Buches können einige Fehler vermieden werden. Die Zeit wird effizienter genutzt und die Verwirklichung des eigenen Traumes rückt näher. Allerdings wird an dieser Stelle bereits darauf hingewiesen, dass die Selbstständigkeit im Nebenberuf mit einigen Herausforderungen verbunden sein wird. Es sind Kenntnisse auf Gebieten erforderlich, die vielleicht gar nicht zu den eigenen Fachgebieten gehören. Dazu gehört das Steuerrecht und welche Unternehmensform gewählt wird.

Um diese Ungewissheit zu verringern und die Angst vor der Gründung zu nehmen, werden diese Themen im vierten und fünften Kapitel angesprochen. Zuvor werden

SUBB3

jedoch verschiedene Geschäftsmodelle vorgestellt. Denn die Idee ist zwar ein guter Grundstein, um das Unternehmen zu gründen, es muss jedoch erörtert werden, wie die Idee am profitabelsten vermarktet werden kann. Dazu werden verschiedene Geschäftsmodelle vorgestellt. Nachdem das Geschäftsmodell ausgearbeitet wurde und bereits verständlicher wird, wie eigentlich der Umsatz erwirtschaftet werden soll, folgen die eigentlichen Schritte für die Gründung des Gewerbes. Welches ist die beste Rechtsform und worauf muss bei der Zahlung der Steuern geachtet werden?

Diese Themen werden vorgestellt, allerdings sollte klar sein, dass bei komplexen Sacherhalten nur der Steuerberater oder ein anderer Experte einen sicheren Rat geben kann. Hier werden zwar die meisten allgemeinen Fälle erörtert, die Realität sieht allerdings einige komplexe Konstruktionen vor, die nur von Experten betrachtet werden können.

Mit einem Rechtsthema geht es auch im sechsten Kapitel weiter. Wenn nämlich das Geschäftsmodell auf einer eigenen Erfindung beruht, sollte genau ergründet werden, wie diese Idee vor der Konkurrenz geschützt wird. Möglichkeiten gibt

SUBB4

es hier, indem ein <u>Patent</u> angemeldet wird. Das Patent muss nicht immer mit hohen Kosten und einem großen Zeitaufwand verbunden sein. Mittlerweile gibt es auch Alternativen, die gerade für Gründer einen guten Schutz gewährleisten.

Neben dieser Übersicht über rechtliche Themengebiete, sollen auch eher praxisnahe Fragestellungen erörtert werden. Hierbei geht es vor allem darum, ob die Gründung als Team oder alleine besser geeignet ist. Diese Frage wird ausführlich im siebten Kapitel beantwortet. Ebenfalls wichtig für den Erfolg der Selbstständigkeit ist auch der Arbeitsplatz. Zu Hause zu Arbeiten mag zwar einen hohen Komfort bieten, allerdings könnte darunter die Arbeitsleistung leiden. Daher werden geeignete Alternativen aufgezeigt, welche Orte als Arbeitsplatz dienen können.

Eine gute Idee oder ein herausragendes Produkt reicht heutzutage nicht mehr, um auf dem Markt zu bestehen. Die <u>Konkurrenz</u> und die Angebote sind riesig. Es gibt fast zu jedem Problem schon die passende Lösung. Um dennoch aus der Masse herauszustechen, können die <u>Marketingstrategien</u> aus dem achten Kapitel genutzt werden. Diese beziehen sich

SUBB5

vor allem auf moderne Strategien, welche mit dem Internet zusammenhängen. Mit der eigenen Webseite oder auf den geeigneten Social-Media-Plattformen kann eine riesige Zielgruppe angesprochen werden. Dabei sind die eigenen Investitionen sehr gering. Wie ein optimaler Marketing-Mix aussieht, wird in diesem Kapitel erläutert.

Darüber hinaus gibt es noch zahlreiche weitere Tipps, die für die Gründung entscheidend sein können, um Fehler zu vermeiden. Dazu gehört eine gute Organisation, ein einheitliches Design und ob ein Geschäftskonto wirklich notwendig ist. Diese Themen werden im neunten Kapitel behandelt und sollen Selbstständige davor schützen, Ausgaben zu tätigen, die eigentlich gar nicht notwendig wären.

Damit neben all der Arbeit die Gesundheit und das Wohlbefinden nicht zu kurz kommt, werden im zehnten Kapitel einige Möglichkeiten beschrieben, um eine gute Work-Life-Balance herzustellen. Denn auch wenn am Anfang eine sehr hohe Motivation vorhanden sein sollte, um die eigene Vision zu verwirklichen, wird sehr viel Geduld notwendig sein, um dieses ehrgeizige Ziel zu erreichen. Jeder

SUBB6

Gründer wird dabei für sich wahrscheinlich feststellen, dass dieses Vorhaben schwieriger sein wird, als am Anfang noch angenommen. Treten doch bei jedem Schritt, der gewagt wird, wieder neue Probleme auf.

Allerdings sollte hierbei nie das Ziel aus den Augen verloren werden. Es geht darum, Probleme zu lösen und passende Lösungsstrategien in Form von Dienstleistungen oder Produkten zur Verfügung zu stellen. Erweist sich dieses Vorhaben als profitabel, kann mitunter sogar der Hauptberuf aufgegeben werden. Damit besteht die Möglichkeit, ein völlig selbstbestimmtes Leben zu führen, in welchem man selber für sich verantwortlich ist. Es besteht nicht mehr Druck, die Arbeitskraft einem Vorgesetzten zur Verfügung zu stellen und die Arbeitszeit kann völlig frei eingeteilt werden.

Diese Freiheiten klingen wahrscheinlich für alle Personen verlockend. Doch nur die wenigsten wagen diesen Schritt. Mithilfe dieses Buches wird Unterstützung geboten, um ein eigenes Unternehmen zu gründen und langfristig ein zufriedeneres Leben führen zu können.

SUBB7

7

KAPITEL

Vor- und Nachteile des eigenen Unternehmens gegenüber eines Angestelltenverhältnisses.

Weshalb das eigene Unternehmen gegründet werden sollte

ER LEBENSWEG IST FÜR die meisten Menschen vorbestimmt und läuft nach den gleichen Mustern ab. Zuerst wird die Schule mit dem höchstmöglichen Abschluss beendet und danach schließt sich entweder eine Ausbildung oder ein Studium an. Werden auch diese weiteren Bildungsmaßnahmen erfolgreich abgeschlossen folgen meist zahlreiche Bewerbungen, bis der passende Job gefunden wurde. Dies schließt mit ein, dass möglicherweise ein Ortswechsel notwendig ist und das eigene gewohnte Umfeld verlassen werden muss. Der Job erhält im Leben den höchsten Stellenwert und die Familie oder die Freunde müssen sich mit dieser Priorisierung abfinden.

Mit etwas Glück wird ein Job gefunden, der nicht nur

SUBB9

9

Spaß macht, sondern auch finanziell lohnenswert erscheint. So schön dies auf den ersten Blick erscheinen mag, so ernüchternd mag die langfristige Perspektive sein. Denn aus dieser Festanstellung folgt in der Regel eine sehr geringe Autonomie. Als Angestellter müssen die Regeln und Anweisungen des Vorgesetzten befolgt werden. Widersprüche oder eigene Ideen sind in dieser Arbeit selten wünschenswert und bringen eher Probleme mit sich, als dass sie Vorteile schaffen.

Selbst beim besten Job, den man sich als Arbeitnehmer vorstellen kann, können schon nach kurzer Zeit Probleme auftreten. Dies kann damit zusammenhängen, dass die langfristige Perspektive fehlt. Zwar mag das Einkommen in der aktuellen Situation nach dem Studium noch ausreichend sein, doch was passiert, wenn die eigene Familie gegründet werden soll? Das Gehalt passt sich nicht der eigenen Familienplanung an und der Lebensstandard muss eingeschränkt werden. Langfristig sind zwar Gehaltssteigerungen möglich, doch wie hoch werden diese ausfallen? Treten diese nur in sehr geringem Umfang ein, kann die Inflation die Gehaltserhöhungen bereits wertmäßig einholen. Eine echte Steigerung ist nur mit einem Aufstieg möglich. Doch ist dies überhaupt

SUBB10

in dem Unternehmen vorgesehen und wie hoch könnte der nächste Gehaltssprung sein?

Neben der finanziellen Perspektive spielt auch die zeitliche Komponente eine wichtige Rolle. In den meisten Fällen wird eine Arbeitszeit von acht Stunden pro Tag vorausgesetzt. Diese beginnt meist um neun Uhr morgens und endet gegen etwa siebzehn Uhr abends. Wird der Arbeitsweg noch einbezogen, bedeutet dies, dass ein Großteil des Tages mit der Arbeit verplant ist. Damit bleibt kaum noch Zeit für die Familie oder anderweitige Hobbys. Das Leben wird voll und ganz nach dem Job ausgerichtet.

Im Klartext bedeutet dies, dass die eigenen Fähigkeiten und die Lebenszeit genutzt werden, um dem fremden Unternehmen Vorteile zu verschaffen. Die gesamte Arbeitskraft wird dazu aufgewendet, um für jemand anderes eine Leistung zu erstellen. Diese wird gegen eine, meist geringe Gebühr, zur Verfügung gestellt.

Allein dieser Grundgedanke reicht für die meisten Menschen schon aus, um zu erkennen, dass das

SUBB11

Angestelltenverhältnis langfristig nicht die Erfüllung im Leben sein kann. Viel besser scheint es doch, wenn die Fähigkeiten genutzt werden, um für sich selber einen Vorteil zu schaffen. Wieso sollte ein fremdes Unternehmen von der eigenen Leistung profitieren, wenn diese auch für sich selber genutzt werden könnte?

Anstatt den Traum eines anderen zu erfüllen, könnten eigene Ideen verwirklicht werden, die ebenso einen gesellschaftlichen Mehrwert bringen und finanziell gut entlohnt werden. Damit scheint der Schritt in Richtung der Gründung des eigenen Unternehmens für viele Arbeitnehmer logisch. Nur während der Selbstständigkeit ist es möglich, sein eigener Boss zu sein und nicht nach den Regeln einer fremden Person zu leben, sondern selber für sein Handeln verantwortlich zu sein.

Natürlich ist mit diesem Schritt auch einiges an Risiko verbunden. So bietet ein fester Arbeitsplatz mit einem geregelten monatlichen Einkommen eine gewisse Sicherheit. Das Geld wird pünktlich überwiesen und es müssen sich keine Sorgen darüber gemacht werden, wie die nächste Miete

SUBB12

bezahlt wird. Während der Selbstständigkeit kann das Einkommen schwanken und gerade zu der Anfangszeit sind einige Entbehrungen notwendig. Es dauert eine Weile, bis das Unternehmen profitabel ist und mehr Geld einbringt, als es der feste Arbeitsplatz zuvor noch getan hat.

Langfristig scheint diese Perspektive für die meisten Menschen hoffnungsvoller. So ist es möglich, eigene Ideen zu verwirklichen und sein Leben nicht fremdbestimmt zu führen. Allerdings ist das Einkommen viel stärker von der eigenen Leistung abhängig. Während es im Angestelltenverhältnis je nach Jobsituation auch hingenommen werden kann, wenn Fehler passieren oder nicht jeden Tag die maximale Leistungsbereitschaft abgerufen wird, hat dies während der Selbstständigkeit einen direkten Einfluss auf das Einkommen.

Das eigene Unternehmen zu gründen stellt daher für einige Arbeitnehmer die folgerichtige Entscheidung dar, wenn Sie von Ihrer Leistung selber profitieren möchten. Damit das eigene Risiko minimiert wird, findet diese Unternehmensgründung am besten neben dem Beruf statt. So bleibt das feste und geregelte Einkommen weiterhin bestehen, während

SUBB13

ebenfalls einige Zeit in die Verwirklichung des eigenen Traums investiert werden kann. Auf diese Weise wird ausgelotet, ob die Geschäftsidee überhaupt erfolgversprechend ist.

Im Nebenberuf erfordert die Unternehmensgründung allerdings einiges an Disziplin. So kommt zu der bereits vorhandenen 40-Stunden-Woche noch die Zeit, die in die Selbstständigkeit gesteckt wird.

Langfristig bietet sich durch die Selbstständigkeit die Chance, dass der finanzielle Spielraum wesentlich größer ist. Während im Angestelltenverhältnis das Einkommen vom Vorgesetzten und dessen Wohlwollen abhängig ist, ist dies während der Selbstständigkeit hauptsächlich vom eigenen Einsatz bestimmt. Wird mehr Energie in das Unternehmen investiert, steigt das Einkommen und langfristig sind den finanziellen Verhältnissen kaum noch Grenzen gesteckt.

Für Arbeitnehmer ist es also sinnvoll, wenn Sie im Nebenberuf die Unternehmertätigkeit aufnehmen und schon mal testen, ob das Unternehmertum überhaupt mit der eigenen Persönlichkeit vereinbar ist. Denn die Wahrheit ist auch,

SUBB14

14

dass die meisten Menschen sich zwar einen besseren Arbeitsplatz und ein höheres Einkommen wünschen, doch nicht jeder Charakter für diese Herausforderung geschaffen ist. Es erfordert eine Menge Disziplin und eine charakterliche Stärke, um die Selbstständigkeit erfolgreich zu meistern.

Der Charakter eines Unternehmers

Ob das eigene Unternehmen und die Selbstständigkeit erfolgreich ist, hängt von einigen Faktoren ab. Den meisten Einfluss hat aber natürlich der Unternehmensgründer. Gerade während der Anfangsphase wird der Gründer ohnehin die einzige Person sein, die an der Verwirklichung der Geschäftsidee arbeitet. Erst im Laufe der nächsten Monate oder Jahre ist es möglich, Mitarbeiter einzustellen, die Arbeit abnehmen und das Unternehmen gemeinsam nach vorne bringen.

Daher ist gerade während der Anfangsphase der Unternehmer und seine charakterliche Stärke der größte Einflussfaktor, wenn es darum geht, die Selbstständigkeit erfolgreich zu gestalten. Die Charaktere eines Arbeitnehmers und eines Unternehmers sind grundverschieden. Während

SUBB15

15

der Arbeitnehmer vor allem die Sicherheit bevorzugt und es gewohnt ist, Anweisungen zu befolgen, muss der Unternehmer die Verantwortung für den wirtschaftlichen Erfolg übernehmen. Er trifft die Entscheidungen und muss auch mit Rückschlägen umgehen können. Neben den Chancen, die sich ergeben, ist die Selbstständigkeit also auch mit Risiken verbunden. Nur wer über die innere Stärke verfügt, mit diesen Herausforderungen umzugehen, kann langfristig erfolgreich ein Unternehmen führen.

Eine der bedeutendsten Eigenschaften, die ein Unternehmensgründer haben sollte, ist das Vertrauen in die Geschäftsidee. Wenn selber das Vertrauen in die eigenen Fähigkeiten und dem Unternehmen fehlen, wird es kaum möglich sein, andere von dieser Idee zu überzeugen. Schließlich sollen ja Produkte oder Dienstleistungen verkauft werden oder andere Geschäftspartner davon überzeugt werden, in die Idee zu investieren. Zweifel sind durchaus angebracht und Selbstvertrauen sollte nicht mit Arroganz verwechselt werden. Wer allerdings mehr von Ängsten geplagt wird und kaum von der eigenen Geschäftsidee überzeugt ist, wird nur schwer erfolgreich mit dem Unternehmen sein. Ein gesunder

SUBB16

Optimismus sollte also in jedem Fall an den Tag gelegt werden.

Dazu gehört auch, dass die meisten Unternehmer mit einigen Problemen zu kämpfen haben. Das Sprichwort, das noch kein Meister vom Himmel gefallen sei, trifft auch auf das Unternehmertum zu. Gerade wenn im Leben noch kein vergleichbarer Schritt getan wurde und die finanziellen Mittel immer über das Angestelltenverhältnis erwirtschaftet wurden, ist die Selbstständigkeit eine große Herausforderung. Neben dem Führen des Unternehmens kommen noch die bürokratischen Fallstricke. Wie muss die erste Steuererklärung ausgefüllt werden, welche Rechtsform ist die beste und in welchem gesetzlichen Rahmen muss das Unternehmen gehalten werden? Keinem Gründer fallen diese Dinge leicht. Es fordert immer eine gewisse Beharrlichkeit, um diese Herausforderungen zu meistern und nicht schon bei den ersten Hindernissen, die einem auf dem Weg begegnen, die Flinte ins Korn zu werfen.

Unternehmer zu sein bedeutet aber auch flexibel zu reagieren. Als Arbeitnehmer ist diese Fähigkeit nicht immer gefordert. Unter Umständen kann es schon ausreichen, die

SUBB17

immer gleichen Tätigkeiten jahrelang durchzuführen. Technische Fortschritte erfordern vielleicht kleinere Anpassungen, im Wesentlichen verändern sich die Aufgaben im selben Beruf und auf der gleichen Position aber kaum. Als Unternehmer sieht das etwas anders aus. Der Markt kann sich innerhalb eines Jahres komplett wandeln. Was heute noch erfolgreich war, kann im nächsten Jahr durch einen Konkurrenten schon besser kopiert worden sein. Daher gehört es zu der charakterlichen Stärke, dass diese Veränderungen angenommen werden. Nur indem das Unternehmen stetig weiterentwickelt wird, kann es sich überhaupt langfristig gegen die Konkurrenz durchsetzen. Dies bedeutet, dass keine Zeit für Verschnaufpausen ist. Stillstand bedeutet, dass die Konkurrenz aufholen kann und die eigene Geschäftsidee in die Bedeutungslosigkeit verdrängt wird.

Um diesen Anforderungen zu genügen, sollten Unternehmer stets mit offenen Augen durch die Welt gehen und aufgeschlossen gegenüber Neuerungen sein. Es wird kaum möglich sein, das eigene Geschäftsprinzip unverändert für die nächsten Jahrzehnte zu befolgen. Um Ideen für eine Weiterentwicklung des Unternehmens zu finden, spielt die Neugier

SUBB18

eine große Rolle. Diese sollte sich in allen Lebensbereichen wiederfinden. Durch die Neugier können Inspirationen in allen Bereichen des Lebens gefunden werden, die einen positiven Einfluss auf das Unternehmen nehmen können. Die Natur gilt als eine unerschöpfliche Quelle der Inspiration für Unternehmen aller Art. Wer sich davor verschließt und mit Scheuklappen durch die Welt geht, wird diese Ideen natürlich nicht wahrnehmen.

Ein wesentlicher Unterschied zwischen dem Arbeitnehmer und dem Selbstständigen ist die Motivation. Der Arbeitnehmer wird vor allem extern motiviert. Er erhält das Geld ausgezahlt und wird die Arbeit nicht wie gefordert erledigt, kann er dafür von seinem Vorgesetzten diszipliniert werden. Sicherlich gibt es auch positive Arbeitsplätze, an denen die Mitarbeiter durch die Aufgabe an sich motiviert werden. Dies stellt jedoch eine Ausnahme dar und die meisten Arbeitnehmer wären wahrscheinlich froh, wenn sie die Arbeitszeit anders nutzen könnten. Als Unternehmer fallen diese externe Motivation und der Druck einen Vorgesetzten zu haben weg. Jeder Selbstständige ist für sich selber verantwortlich und damit beginnt auch die Herausforderung, dass

SUBB19

eine innere Motivation bestehen sollte, um die anfallenden Arbeiten tatsächlich zu erledigen. Andernfalls werden die Aufgaben aufgeschoben und niemals abgeschlossen. Die Gefahr, dass das Unternehmen nicht vorangetrieben wird, sondern auf der Stelle verbleibt, ist groß und daher sollte die Motivation vor allem von Innen kommen. Finanzielle Anreize spielen zwar auch eine Rolle, gerade während der Anfangszeit werden aber einige Monate vergehen, bis das Unternehmen überhaupt positive Geschäftszahlen vorweisen kann. Selbst danach wird es noch einige Zeit und Arbeit brauchen, bis das Einkommen so hoch ist, dass das Angestelltenverhältnis aufgegeben werden kann.

Das Unternehmertum ist mit einigen Chancen verbunden. So steht am Ende der ganzen Arbeit die Möglichkeit, mehr Geld zu verdienen, als dies im Angestelltenverhältnis jemals möglich sei. Dies bedeutet allerdings auch, dass den Chancen einige Risiken gegenüberstehen. Im Leben gibt es keine Garantie dafür, dass alles so verläuft, wie es von Anfang an geplant war. Es können immer wieder Rückschläge drohen und einige Entscheidungen erweisen sich im Nachhinein als Fehler. Ein Unternehmer muss sich diesen Risiken

SUBB20

bewusst sein und erkennen, wann es sich lohnt diese einzugehen. Nicht nützlich wäre es, wenn immer nur die absolute Sicherheit gesucht wird. Diese gibt es in der Selbstständigkeit nicht und würde nur zu einer Starre führen in welcher keine Entscheidungen mehr getroffen werden.

Wer also den Schritt in die Selbstständigkeit wagen möchte, sollte diese Charaktereigenschaften entweder schon besitzen oder nicht davor zögern, diese zu erlernen. Zwar wird gesagt, dass der eigene Charakter und die Persönlichkeit so gefestigt sind, dass diese im fortgeschrittenen Alter kaum mehr verändert werden können. Wenn aber der Wille da ist, seinen Charakter weiterzuentwickeln und die eigene Komfortzone zu verlassen, ist der Schritt in die Selbstständigkeit im Nebenberuf zu empfehlen.

Herausforderungen während der Unternehmensgründung

Der Schritt in die Selbstständigkeit ist für jede Person mit einigen Hürden verbunden. Werden diese Entscheidungen in Form einer Nebentätigkeit neben dem Hauptberuf

SUBB21

getroffen, ergeben sich daraus noch mehr Einschränkungen und Herausforderungen. Nur wer sich dessen bewusst ist, sollte den Schritt in die Selbstständigkeit wagen. Auch wenn die langfristigen Aussichten verlockend erscheinen, schaffen es nur die wenigsten Unternehmer aus dieser Anfangsphase.

Die wohl größte Einschränkung besteht in der geringen Zeit, die für andere Dinge zur Verfügung steht. Der reguläre Job nimmt bereits mindestens 40 Stunden in der Woche in Anspruch und dazu kommt die Gründung des eigenen kleinen Unternehmens. Idealerweise werden nochmal bis zu 20 Stunden in der Woche in diese Nebentätigkeit investiert. Andernfalls ist es kaum möglich, all die Aufgaben zu bewältigen, die während der Gründungsphase anfallen. Im Umkehrschluss bedeutet dies, dass für andere Bereiche des Lebens kaum mehr Zeit zur Verfügung steht. Besonders macht sich dies bei Freunden und Familie bemerkbar. Die Zeit für Besuche wird knapper und es fällt schwer, den gesamten Freundeskreis die notwendige Aufmerksamkeit zu schenken. Dies kann auch bedeuten, dass sich herausstellt, wer die „wahren" Freunde sind. Enge Freunde sollten auch während dieser stressigen Phase ihre Unterstützung anbieten und nicht

SUBB22

22

zu einer Belastung werden. Sind allerdings Lebenspartner und Kinder vorhanden, sollten diese nicht vernachlässigt werden. Die Selbstständigkeit und die Familie unter einen Hut zu bringen kann eine große Herausforderung darstellen. Um diese zu bewältigen, muss möglicherweise der eigene Schlaf geopfert werden oder es müssen andere Lösungen herhalten.

Heutzutage ist die Gründung des eigenen Unternehmens nicht mehr zwingend mit hohen finanziellen Risiken verbunden. Gerade wenn die Tätigkeit im Internet stattfindet, wird zum Großteil nur Zeit investiert, um das Unternehmen voranzubringen. Dennoch ist mit dieser Nebentätigkeit ein finanzielles Risiko verbunden. Damit die Selbstständigkeit zum Erfolg wird, sind in der Anfangsphase einige Dinge zu beachten. So fallen Gebühren für die Anmeldung des Gewerbes an. Gegebenenfalls müssen auch Versicherungen oder andere Verträge abgeschlossen werden, die mit einer finanziellen Verpflichtung einhergehen. Geht der Geschäftsplan nicht wie gewünscht auf und die Einnahmen fallen deutlich niedriger aus, bedeutet ein Scheitern, dass die Investition sich nicht ausgezahlt hat. Die Selbstständigkeit ist also immer mit einem finanziellen Risiko verbunden und wer ohnehin

SUBB23

schon unter einer Schuldenlast leidet, sollte mit der Gründung lieber noch etwas warten, bis eine stabile finanzielle Basis vorhanden ist.

Die Gründungsphase geht mit einer hohen mentalen, wie körperlichen Belastung einher. Der Hauptberuf zerrt bereits an den Kräften und hinzukommen nun die Herausforderungen der Selbstständigkeit. Gerade die mentale Belastung sollte nicht unterschätzt werden. Wie der Name schon andeutet, ist mit der Selbstständigkeit eine dauernde Belastung verbunden. Wochenenden und geregelte Arbeitszeiten kennen nur die wenigsten Unternehmer. Jene, die sich die Freiheit herausnehmen können, E-Mails unbeantwortet zu lassen mussten in der Regel erst einige Jahre darauf hinarbeiten, um sich diesen Luxus erlauben zu können. Für die meisten Unternehmer bedeutet die Selbstständigkeit allerdings, dass Anfragen von Kunden zügig beantwortet werden müssen. Andernfalls erhält die Konkurrenz die Zusage und die eigene Chance wurde verpasst. Mit dieser dauernden Belastung geht das Risiko eines Burn-outs einher. Um diesen Stress besser aufzufangen ist ein stabiles Umfeld notwendig. Die eigene Familie sollte von den Plänen eingeweiht werden

SUBB24

und mit diesen einverstanden sein. Fairerweise sollte aber auch eingeräumt werden, wenn die Selbstständigkeit nicht erfolgreich war und nur zu einer dauernden Belastung wird. Bevor die eigene Gesundheit ernsthaft in Gefahr gerät, sollte die vernünftige Entscheidung getroffen werden, das Unternehmen entweder zu pausieren oder ganz aufzugeben. Die Gesundheit steht immer an oberster Stelle und ist es nicht wert, für eine Geschäftsidee geopfert zu werden.

Die höhere Belastung kann sich nicht nur im privaten Umfeld oder bei der Arbeit in der Nebentätigkeit zeigen. Möglicherweise werden im Hauptberuf nicht mehr die gewünschten Leistungen abgerufen. Hier besteht die Gefahr, dass der Vorgesetzte ernsthafte Konsequenzen aus den niedrigeren Leistungen ziehen könnte. Besteht nicht die Möglichkeit, aus der Nebentätigkeit den Lebensunterhalt finanzieren zu können, muss der Hauptberuf definitiv den Vorrang erhalten.

Es zeigt sich also, dass der Aufbau eines Unternehmens im Nebenberuf eine besondere Herausforderung darstellt. Dieses Vorhaben ist nur möglich, wenn das soziale Umfeld unterstützend tätig ist. Mitunter kann dies damit verbunden

SUBB25

sein, dass entfernte Bekanntschaften nicht mehr die notwendige Aufmerksamkeit erhalten. Gerade die Anfangsphase ist an mentaler Anstrengung kaum zu überbieten. Stellt sich im Laufe der Unternehmertätigkeit aber der Erfolg ein, scheint der Stress wieder wie vergessen und die Motivation, die zukünftigen Aufgaben zu bewältigen nimmt zu.

Aus Rückschlägen lernen

Misserfolge gehören bei der Gründung dazu. Als Ursache hierfür werden unter anderem die Herausforderungen angesehen, die bereits beschrieben wurden. Es gibt jedoch auch zahlreiche andere Einflussfaktoren, die mit einem Rückschlag verbunden werden. Als Unternehmer geht es jetzt darum, nicht an diesen Misserfolgen zu zerbrechen. Jeder Gründer kennt diese Phasen, in denen scheinbar nichts wie gewünscht läuft. Jetzt liegt es daran, die richtigen Schlüsse zu ziehen und aus diesen Tiefs wieder positiv hervorzublicken.

Das Vertrauen in die eigenen Fähigkeiten ist eine Grundvoraussetzung als Selbstständiger. Rückschläge können selbst bei den besten Geschäftsleuten vorkommen. Die größten

SUBB26

Unternehmen und die besten Manager können Entscheidungen treffen, die rückblickend eher als Fehler zu verbuchen sind. Dies muss aber nicht bedeuten, dass die eigenen Fähigkeiten nicht ausreichend sind, um die Selbstständigkeit erfolgreich meistern zu können. Der Misserfolg sollte nicht persönlich genommen werden, sondern immer als Ansporn dienen.

Damit aus diesem negativen Ereignis etwas Positives gewonnen wird, sollte zunächst die Gesamtsituation analysiert werden. Wie wurde die Entscheidung getroffen und warum hat diese nicht die erhoffte Wirkung gebracht? War die Entscheidung aus der damaligen Sicht vielleicht sogar folgerichtig und äußere Umstände haben zu dem Misserfolg geführt? Nur durch eine gründliche Analyse kann festgestellt werden, ob Fehler begangen wurden.

Nach der Analyse folgt die Erkenntnis, wie diese Fehler zukünftig vermieden werden. Als Unternehmer besteht der Hauptfokus vor allem auf die Zukunft. Die Handlungen sind auf die Zukunft ausgerichtet und dort sollten die optimalen Entscheidungen getroffen werden. Eventuell ist es hilfreich, wenn bestimmte Maßnahmen umgesetzt werden, die das

SUBB27

Risiko einer fehlerhaften Entscheidung minimieren. Bei einem wichtigen Entschluss kann es hilfreich sein, wenn ein Experte als Unterstützung angefordert wird.

Eine wichtige Erkenntnis bleibt jedoch immer bestehen. Rückschläge sind vollkommen normal und treten bei jeder Gründungsphase auf. Nur wenn diese akzeptiert, analysiert und zukünftig vermieden werden, kann die Selbstständigkeit gelingen. Es ist daher nicht zielführend, wenn man die Schuld in äußeren Umständen sucht und diese für den Misserfolg verantwortlich machen möchte. Wer gewinnen möchte, muss Risiken eingehen. Einzelne Rückschläge sind daher auf dem Weg zum Erfolg vollkommen natürlich.

Der langfristige Plan

Die meisten Menschen finden sich wahrscheinlich in einer Lebenssituation wieder, die nicht besonders befriedigend ist. Der Job ist mal mehr oder weniger interessant und der Vorgesetzte ist auch nicht immer der beste Freund. Die Perspektive, das gesamte Leben bis zur Rente überwiegend in diesem Job zu verbringen ist sicherlich nicht für jeden

SUBB28

Arbeitnehmer verlockend.

Eine Möglichkeit, aus dieser Situation zu entfliehen ist die Gründung eines Gewerbes in der Nebentätigkeit. Dies bedeutet, dass neben dem Hauptberuf die Selbstständigkeit begonnen wird. Dazu muss an erster Stelle die Geschäftsidee stehen. Es ist zwar heutzutage in Mode "Entrepreneur" zu sein, aber nur aus dem reinen Selbstzweck wurde noch kein erfolgreiches Unternehmen gegründet.

An erster Stelle steht immer die Geschäftsidee. Diese kann entweder ein Produkt oder eine Dienstleistung sein. Wichtig ist hierbei, dass diese einen Mehrwert für den Kunden bietet. Die eigene Leistung muss etwas darstellen, was bisher vom Markt noch nicht zu genüge abgedeckt wird. Bei der Ideenfindung muss zunächst keine Einschränkung bestehen. Wichtig ist, dass der Kreativität freien Lauf gelassen wird. Häufig werden Lösungen für Alltagsprobleme als Ansatz genommen.

Aus dieser ersten Idee wird ein Geschäftsmodell entwickelt. Dieses zielt darauf ab, dass Problem zu lösen. Dabei

SUBB29

wird zunächst für sich selber eine Lösungsstrategie entwickelt. Diese Strategie kann danach für Kunden angeboten werden.

Damit das Unternehmen in professionelle Bahnen gelenkt wird, ist ein Businessplan notwendig. Dieser bildet die Rahmenbedingungen der Nebentätigkeit ab. Selbst wenn das Gewerbe nur neben dem Beruf betrieben wird, sollte ein Businessplan angefertigt werden. Dieser bietet eine Orientierung und zugleich Ziele, die in naher und ferner Zukunft erreicht werden sollen. Diese dienen als Maßstab dafür, ob das Vorhaben den eigenen Ansprüchen genügt und ob das Ziel realistisch ist, den Hauptberuf langfristig aufgeben zu können. Der Businessplan wird auch dann notwendig sein, wenn eine Fremdfinanzierung des Unternehmens angestrebt wird. In der Nebentätigkeit wird dies zwar seltener der Fall sein, dennoch sollte diese Möglichkeit in Betracht gezogen werden.

Nun wurden die Grundlagen präsentiert, die mit der Selbstständigkeit einhergehen. Anstatt seine Zeit zu opfern, um damit die Ideen einer fremden Person zu verwirklichen, kann mit dem Weg in die Selbstständigkeit der eigene Traum

SUBB30

zur Realität werden. Damit steht nicht mehr im Vordergrund, dass die Lebenszeit gegen ein monatliches Gehalt eingetauscht wird. Vielmehr wird dank der eigenen Leistung ein Mehrwert erschaffen. Dieser Mehrwert wird von den Kunden vergütet. Anstatt von den Entscheidungen des Vorgesetzten abhängig zu sein und die Karriere in sehr starren Bahnen zu lenken, besteht nun die Möglichkeit selber für die Zukunft Verantwortung zu übernehmen.

So positiv sich diese Aussichten anhören, so sollte auch beachtet werden, dass die Selbstständigkeit mit großen Herausforderungen verbunden ist. Mit dieser Entscheidung geht ein finanzielles Risiko und eine hohe mentale, wie körperliche Belastung einher. Beziehungen können darunter leiden und gerade die Gründungszeit wird mit einem hohen Stress verbunden sein.

Nur wer in der Lage ist, diese Hürden zu überwinden kann langfristig von den Vorteilen profitieren. Die Aussicht sein eigener Chef zu sein sollte dabei schon Ansporn genug sein. Das Unternehmen in der Nebentätigkeit zu gründen bietet aber zusätzliche Sicherheiten. So ist weiterhin ein

SUBB31

stabiler finanzieller Rahmen vorhanden und falls das Vorhaben scheitert, stellt dies keinen großen Rückschlag dar. Es sollte also zunächst die Chance genutzt werden, das Gewerbe als Nebentätigkeit zu gründen und auszuloten, ob dieses eine erfolgreiche Perspektive darstellt. Langfristig kann immer noch die Entscheidung gefällt werden, ob der Lebensunterhalt von der unternehmerischen Tätigkeit bestritten werden kann. Zudem muss jeder Gründer für sich herausfinden, ob er die charakterlichen Voraussetzungen erfüllt.

SUBB32

DER LANGFRISTIGE PLAN

KAPITEL 3

Übersicht verschiedener Geschäftsmodelle.

Das Geschäftsmodell als Erfolgsgarantie

DIE VISION EIN EIGENES Unternehmen zu führen und sich von der regulären Arbeitswelt zu verabschieden scheint sicherlich verlockend. Doch das Unternehmertum wird nicht zum Selbstzweck ausgeübt. Am Anfang steht die Idee, mit der ein Mehrwert generiert wird. Kunden sind bereit für diese Leistungen Geld zu bezahlen und das Unternehmen kann langfristig profitabel sein.

Ein wichtiger Unterschied liegt in der Betrachtungsweise der Unternehmensführung. In dieser wird abgegrenzt, ob entweder „im" oder „am" Unternehmen gearbeitet wird. Diese Abgrenzung mag auf den ersten Blick kaum einen Unterschied darstellen. Für die langfristige Arbeit ist diese Abgrenzung jedoch sehr wesentlich. Wer als Gründer vor

SUBB35

allem „im" Unternehmen arbeitet, wird dies wahrscheinlich für die gesamte Dauer tun müssen. Nur durch die eigene Mitarbeit kann die Vision erfüllt werden und es muss ständig eine Leistung erbracht werden. Dies mag zunächst zwar funktionieren, es bedeutet aber auch, dass das Unternehmen niemals ohne eigene Hilfe funktionstüchtig sein kann. Damit ist es kaum möglich, die Arbeitszeit zu reduzieren und die hohe Belastung, die sich schon während der Gründungsphase abzeichnet, muss dauerhaft aufrechterhalten bleiben.

Viel attraktiver ist die Vorstellung, wenn ein Konzept entwickelt wird, dass nach einer kurzen Eingewöhnungsphase auf eigenen Beinen stehen kann. Dies wird mit der Arbeit „am" Unternehmen beschrieben. Es wird eine Idee umgesetzt, die langfristig sich selber tragen kann und keine Mithilfe des Gründers mehr benötigt. Mittel- und langfristig finden nur noch kleine Änderungen an der Ausrichtung des Unternehmens statt, die Tagesarbeit wird jedoch durch die Mitarbeiter erledigt.

Bei der Wahl der Geschäftsmodelle können zwei Basisstrategien unterschieden werden. Diese werden in jedem Kurs der Betriebswirtschaftslehre aufgezeigt. Ein Konzept, welches erfolgreich umgesetzt werden kann, ist die Kostenreduzierung. Diese beruht in der Regel darauf, dass Skaleneffekte durch die Massenproduktion ausgenutzt werden. Diese Strategie mag vor allem für größere Unternehmen und solche, die über ausreichend Kapital verfügen, erfolgversprechend sein. Für die Selbstständigkeit in der Nebentätigkeit, ist diese Ausrichtung eher nicht zu empfehlen.

Die Alternative ist, dass eine Nische abgedeckt wird, die bisher noch von keinem Konkurrenten bedient wird. Wichtig ist hierbei, dass die Nische weder zu klein, noch zu groß gewählt wird. Ist der Markt zu groß, ist es wahrscheinlich, dass schnell Konkurrenten eintreten werden, die den restlichen Markt bedienen. Handelt es sich hierbei um bereits etablierte Unternehmen, können diese das eigene Konzept bedrohen. Ist die Nische hingegen zu klein, bestehen kaum Chancen zu wachsen und genügend Umsatz zu generieren. Schließlich müssen auch bei der Gründung Skaleneffekte beachtet werden. Bleibt der Absatz in einem sehr niedrigen Bereich, ist dies mit hohen Kosten verbunden. Selbst wenn die Nische völlig neuartig wäre und noch von keiner Firma

SUBB37

abgedeckt wurde, sind die Preise für die möglichen Kunden schlichtweg zu hoch.

Ein Weg, der für viele Gründer zum Erfolg führt, ist die Weiterentwicklung aus der eigenen Nische heraus. Zunächst kann das Geschäftsmodell noch darauf basieren, dass etwas an einem festen Ort verkauft oder angeboten wird. Nach einiger Zeit wurde der lokale Markt erfolgreich erobert und bietet keine Wachstumschancen mehr. Eine Möglichkeit besteht nun mit der Verlagerung dieser Geschäftsidee in das Internet. So kann das Angebote online ausgeweitet werden. Oder das originale Konzept wird um zusätzliche Angebote erweitert. Auf diese Weise ist es langfristig möglich, selbst in eigentlich stark eingegrenzten Nischen neue Märkte zu erobern.

Ein Begriff, der für die Bewertung des Geschäftsmodells genutzt wird, ist die Skalierbarkeit. Diese beschreibt, inwiefern das Konzept erweitert werden kann, um einen höheren Umsatz zu generieren. Dies bedeutet, dass bei gleichbleibendem Einsatz des Gründers das Unternehmen trotzdem wachsen kann. Im Vergleich dazu gibt es genügend Selbstständige, deren Geschäftsmodell nicht skalierbar ist.

SUBB38

Dazu gehören zum Beispiel die freien Berufe oder ähnliche Selbstständige. Ein Rechtsanwalt kann seine Tätigkeit kaum skalieren. Er muss physisch anwesend sein, um die Prozesse zu führen und seine Aufgaben zu erledigen. Sein Einkommen hängt wesentlich von der Arbeitszeit ab. Je mehr Zeit er investiert und Fälle bearbeitet, desto höher ist sein Einkommen. Das Einkommen wird allerdings stark begrenzt sein.

Eine gute Möglichkeit der Skalierbarkeit bieten virtuelle Produkte. Der Verkauf von Software oder sonstige virtuelle Güter sind in der Regel sehr gut skalierbar. Hierbei macht es kaum einen Unterschied, ob 10 oder 1000 Einheiten verkauft werden. Wurde die Grundarbeit geleistet und die Prozesse sind eingespielt, kann die Idee praktisch ohne Grenzen skaliert werden. Dabei ist es vollkommen egal, von wo dieses Produkt angeboten wird. Eine Möglichkeit der Skalierung wäre zum Beispiel, wenn es zunächst deutschlandweit angeboten wird. Danach findet die Markteinführung in Österreich und der Schweiz statt. Mit einer Übersetzung ins Englische kann im Anschluss ein globaler Markt angesprochen werden. Bei virtuellen Gütern besteht der Vorteil darin, dass in der Regel die Arbeit nur einmal abgeschlossen werden muss. Sind

SUBB39

die Prozesse für den Verkauf eingerichtet und funktionieren, müssen diese nur noch überwacht und gegebenenfalls angepasst werden.

Physische Produkte sind hingegen nur mit einem größeren Aufwand skalierbar. Hierfür sind vor allem die Logistik und die Lagerhaltung verantwortlich. Zudem können die rechtlichen Rahmenbedingungen stark voneinander abweichen. Auch ist eine Anpassung des Produktes für die jeweiligen Märkte nur mit einigen Investitionen durchführbar.

Für die langfristige Perspektive ist es also wichtig, dass die Geschäftsidee stetig ausgebaut werden kann. Ist schnell eine Grenze erreicht und das Unternehmen kann nicht mehr wachsen, stellt dies einen großen Nachteil des Geschäftsmodells dar. Zwar ist es möglich, mit solch einem Konzept überdurchschnittlich viel Geld zu verdienen, es wird jedoch immer die eigene Mitarbeit erforderlich sein. Damit wird weiterhin die eigene Arbeitszeit gegen Geld getauscht. Das Unternehmertum unterscheidet sich in diesem Fall kaum von der Arbeitnehmertätigkeit.

SUBB40

Sich von der Konkurrenz abheben

Es wurde bereits angedeutet, dass die Besetzung einer Nische für das eigene Unternehmen meist die beste Entscheidung ist. Indem eine Idee verfolgt wird, die bisher noch gar nicht vertreten ist, muss auf die Konkurrenz kaum Rücksicht genommen werden.

Gerade in der Nebentätigkeit ist es nämlich kaum möglich, eine bestehende Konkurrenz zu überflügeln. Diesen stehen für gewöhnlich mehr finanzielle Mittel und Know-how zur Verfügung. Kann die eigene Idee leicht kopiert werden und grenzt sich kaum von bestehenden Geschäftsmodellen ab, wird diese, wenn überhaupt nur kurzfristig mit einem Erfolg verbunden sein.

Inwiefern sich das eigene Konzept von bestehenden Geschäftsmodellen auf dem Markt unterscheidet, kommt ganz auf die Nische an. Manchmal können bereits kleinere Unterschiede eine große Wirkung haben.

Eine Möglichkeit der Abwandlung bestehender

SUBB41

erfolgreicher Konzepte besteht zum Beispiel im Bezahlmodell. Lange Zeit bestand der Grundsatz, dass Produkte gegen einen einmaligen Preis erworben werden. In den letzten Jahren und Jahrzehnten zeichnet sich hingegen ab, dass „Flatrates" mit einem hohen Erfolg verbunden sein können. Wurde dieses Modell zunächst vor allem bei Telekommunikationsunternehmen eingesetzt, hat sich dieses Bezahlkonzept auf ganz unterschiedliche Bereiche ausgedehnt.

So haben Fitnessketten die monatliche Vertragsbindung eingeführt, um regelmäßig von den Kunden den Monatsbeitrag zu erhalten. Der Vorteil bei diesem Bezahlkonzept ist der vermeintlich niedrige Preis und der geringe Aufwand, der für das Unternehmen entsteht. Für den Kunden entsteht der psychologische Eindruck, dass der Preis sehr viel niedriger sei. Anstatt eine größere Summe bereits beim Kauf zu bezahlen, verteilt sich der Betrag auf die gesamte Vertragslaufzeit. Mitglieder oder Kunden sind eher bereit diesen Beitrag zu leisten. Zudem erhalten die Unternehmen den Betrag auch, wenn die Leistung gar nicht genutzt wird. Im Falle des Fitnessstudios bedeutet dies, dass diese den monatlichen Beitrag auch erhalten, wenn das Angebot gar nicht genutzt wurde.

Damit verringert sich zum Beispiel der Verschleiß der Geräte und im Vergleich zu der Mitgliederzahl, sind die laufenden Kosten sehr niedrig. Dieses Bezahlmodell hat sich auch bei Musik- oder Videodiensten durchgesetzt.

Allein durch diese kleine Änderung kann bereits eine Veränderung angestoßen werden, die das eigene Konzept stark von der Konkurrenz unterscheidet. Es ist nicht immer notwendig, eine besondere Innovation auf den Markt zu bringen. Wenn bereits durch solch eine Änderung die Kunden überzeugt werden können, ist dies eine Möglichkeit, langfristig erfolgreich zu agieren.

Vergleich unterschiedlicher Geschäftskonzepte

Long-Tail-Geschäftsmodell

Bei regulären Geschäften und Läden besteht das Risiko, dass einige Produkte nicht so gut vom Kunden angenommen werden. Während manche Produkte zu einem wahren Verkaufsschlager werden, entpuppen sich andere als Ladenhüter, die von den Kunden kaum beachtet werden. Daher ist es in bestimmten Nischen sinnvoll, das Risiko breit zu streuen und

SUBB43

eine große Zahl an Produkten anzubieten.

Dies wird als Long-Tail-Geschäftsmodell bezeichnet. Bei regulären Einzelhandelsgeschäften würde diese Strategie zu großen Kosten führen. Schließlich muss die entsprechende Verkaufsfläche vorhanden sein und die Kunden müssen diese Produkte allesamt präsentiert bekommen. Vorteilhaft ist es daher, wenn größere Onlineplattformen genutzt werden, um zum Beispiel die Software oder digitale Produkte anzubieten. Auf Amazon kann eine große Produktpalette ohne viel größeren Mehraufwand präsentiert werden.

Durch die Abwandlung der Produkte können mehr Zielgruppen angesprochen werden. So können die Farben variieren oder andere Details leicht unterschiedlich sein. Dabei ist es auch möglich, dass Ladenhüter viel einfacher aus dem Sortiment genommen werden können und das Marketing sich auf die Produkte mit dem höchsten Umsatz fokussiert. Auf diese Weise werden die Kosten in einem geringen Rahmen gehalten und der Umsatz trotzdem gesteigert. Langfristig kann mit diesem Vorgehen herausgefunden werden, welche Produktmerkmale für den Kunden am besten sind.

SUBB44

44

Die Plattform-Strategie

Unternehmen und Kunden zusammenzubringen kann eine große Herausforderung darstellen. Die Unternehmen möchten selber Produkte verkaufen und daher mit den Kunden in Kontakt treten, doch sie haben keine geeignete Plattform dafür. Die Schaffung solch einer Plattform, wo geradezu unbewusst, diese Interaktion ermöglicht wird, stellt ein großes Potenzial dar.

Facebook und Google können als Beispiel herangezogen werden, die dieses Modell perfektioniert haben. Hier werden die Kunden durch einen eher nebensächlichen Service auf die eigene Plattform gelockt. Im Falle von Facebook ist das Angebot das soziale Netzwerk und die Interaktion mit den Freunden oder der Familie. Die Plattform zielt darauf ab, dass die Nutzer möglichst lange diesen Service nutzen und die Zeit vor dem Bildschirm verbringen.

Dies ist für den eigentlichen Unternehmenszweck notwendig. Denn es geht hier nicht darum, dass Freundschaften geknüpft werden oder dass selbst entfernte Verwandte noch am Leben teilhaben können. Facebook ist eine

SUBB45

Werbeplattform, bei der Werbetreibende und die jeweiligen Kundengruppen zusammengeführt werden. Für die Nutzer dieser Plattform mag diese Interaktion mit den Werbetreibenden nicht immer offensichtlich sein. Doch die Anzahl an Beiträgen, die reine Werbung darstellen hat einen sehr hohen Grad angenommen und für Unternehmen ist Facebook eine ideale Werbeplattform.

Gründe hierfür sind vor allem die sehr vielen Informationen, die über die Nutzer bekannt sind. Dadurch können Werbetreibende sehr gezielt die Zielgruppen ansprechen. Als Vermittler zwischen solchen Segmenten besteht ein großes Umsatzpotenzial.

Freemium

Ist das eigene Produkt vielversprechend, aber der Kaufpreis stellt eine Hürde dar, die viele Kunden nicht überwinden möchten, dann ist es sinnvoll, ein sogenanntes „Freemium"-Modell einzuführen. Dies bedeutet, dass das Produkt in einer Grundvariante kostenlos zur Verfügung gestellt wird. Bei physischen Produkten ist dies kaum umsetzbar. Schließlich sind mit der Herstellung bereits Kosten verbunden und

SUBB46

je mehr Menschen die kostenlose Variante für sich nutzen wollen, desto teurer wird dies.

Für Software bietet sich dieses Geschäftsmodell jedoch sehr gut an. Ist der Markt doch heiß umkämpft und der Kaufpreis kann auf den ersten Blick sehr abschreckend sein. Wurde der Kunde jedoch mit der kostenlosen Basisvariante geködert und ist dieser vom Produkt überzeugt, kann er Geld investieren, um weitere Funktionen innerhalb der Software freizuschalten. Für das bereitstellende Unternehmen macht es kaum einen Unterschied, ob 1.000 oder 10.000 Nutzer die Software herunterladen. Daher ist es sinnvoll, durch die kostenlose Basisversion eine möglichst hohe Verbreitung zu erreichen.

Ist die Software überzeugend, wird ein kleiner Teil der Nutzer Geld in die zusätzlichen Funktionen investieren. Gerade bei Videospielen ist dieses Geschäftsmodell von Erfolg geprägt. Hier besteht die Möglichkeit sowohl kosmetische Produkte anzubieten, die die Spielewelt etwas individueller darstellen oder mit denen Spieler einen Vorteil erhalten. Durch die Investition in diese Zusatzangebote besteht die

SUBB47

Möglichkeit einen hohen Umsatz zu generieren, ohne weitere Kosten zu verursachen.

Bei physischen Produkten wäre dies nur möglich, wenn ein Basisprodukt zu relativ niedrigen Kosten angeboten werden würde. Danach wird versucht, deutlich teurere Zusatzprodukte zu verkaufen, die die Basisversion aufwerten. Dennoch liegt die Stärke in diesem Modell mit Sicherheit bei digitalen Produkten.

Lockmittel

An das bereits vorgestellte „Freemium"-Modell knüpft das folgende Modell direkt an. Hierbei geht es nicht darum, dass ein Produkt komplett kostenlos zur Verfügung gestellt wird. Vielmehr liegt der Fokus darauf, dass ein, meist physisches Produkt, zu einem sehr geringen Preis an den Kunden weitergegeben wird. Der Preis kann die Herstellungskosten decken und ist nicht direkt für den Gewinn des Unternehmens verantwortlich.

Das eigentliche Ziel ist es, dass weitere Produkte verkauft werden, die als komplementär angesehen werden. Ein Beispiel

SUBB48

48

hierfür ist der Verkauf von Druckern und deren Druckpatronen. Drucker sind verhältnismäßig günstig zu erwerben. Wurde der Drucker einmal gekauft, steht dieser dem Kunden für die gesamte Nutzungsdauer zur Verfügung. Damit jedoch weiterhin Einnahmen generiert werden, müssen die Druckpatronen vom Hersteller gekauft werden. Diese Patronen bieten nun eine deutlich höhere Gewinnmarge. Wird der Drucker regelmäßig genutzt, müssen die Patronen zudem ständig nachgekauft werden. So besteht ein dauerhafter Einnahmefluss, der im Endeffekt zu einem höheren Umsatz führt, als wenn beide Produkte zu ihrem unabhängigen Preis angeboten würden.

Dann wäre der Drucker um ein Vielfaches teurer und damit würde auch der Absatz der Druckpatronen sinken. Kunden würden wahrscheinlich eher auf Dienstleistungen in Copy-Shops zurückgreifen, als sich selber einen Drucker anzuschaffen. Durch das Modell des günstigen Lockmittels werden diese aber von dem Kauf des Druckers überzeugt. Wird der Drucker regelmäßig genutzt, ist der Kauf der Patronen zwingend notwendig.

SUBB49

Als Unternehmer müssen bei diesem Geschäftsmodell aber verschiedene Gefahren beachtet werden. So sollte es keine Komplementärprodukte von Drittanbietern geben. Diese könnten die Druckpatronen sehr viel günstiger anbieten, da dadurch ja nicht die Produktion der Drucker quersubventioniert wird. Die Schnittstelle sollte also nur für die eigenen Produkte zugänglich sein.

Zudem ist es vorteilhaft, wenn die Komplementärprodukte regelmäßig hinzugekauft werden müssen. Neben Druckern und Tintenpatronen sind auch Kaffeemaschinen und deren Kapseln ein beliebtes Beispiel. Die Maschine an sich mag relativ günstig sein, der eigentliche Umsatz beruht dann aber auf dem Verkauf der Kapseln.

Wichtig ist hierbei, dass dem Kunden auch tatsächlich ein Mehrwert geboten wird. Er soll nicht etwa in die Falle gelockt werden und am Ende das Ursprungsprodukt nur mit horrenden Gebühren nutzen können, sondern er soll einen tatsächlichen Nutzen haben und selber die Entscheidung treffen, inwiefern er die weiteren Produkte annehmen möchte.

SUBB50

Produkte individualisieren

Die Massenproduktion ist günstig und führt dazu, dass eine hohe Stückzahl an den Kunden gebracht werden kann. Doch die Nachfrage und der Markt verändern sich. Es steigt das Bewusstsein, sich individuell ausdrücken zu möchten und dies stellt auch für Selbstständige eine neue Herausforderung dar. Anstatt nur standardisierte Produkte anzubieten, können diese individuell vom Kunden beeinflusst werden.

Eine Möglichkeit besteht zum Beispiel bei der Fertigung eines T-Shirts. Das Motiv kann hierbei vom Kunden ausgewählt und gestaltet werden. Das T-Shirt entspricht auf diese Weise viel eher dem eigenen Geschmack und bietet einen größeren Nutzen. Allerdings muss beachtet werden, dass mit dieser Produktionsweise höhere Kosten verbunden sein können. Es sind aufwändigere Maschinen notwendig, bei denen kein Umrüsten mehr vorzunehmen ist. Zudem müssen die Geschäftsprozesse so optimiert sein, dass die Wünsche des Kunden tatsächlich bei der Produktion berücksichtigt werden.

Ist die Produktionskette sehr aufwendig, stellt dies eine große Herausforderung dar. Schließlich können an vielen

SUBB51

<u>Schnittstellen</u> Kommunikationsprobleme auftauchen und der Kundenwunsch wird nicht wie erwartet, umgesetzt.

Bei der Individualisierung ist es zudem nicht möglich, die Produkte bereits im Lager zu halten. Damit die Wartezeit verkürzt wird, müssen die Prozesse vom Kauf des Kunden, bis zur Auslieferung ebenfalls effizient gestaltet werden. Werden diese Herausforderungen gemeistert, ist der Kunde bereit für das individuelle Produkt einen Preisaufschlag zu zahlen. Allerdings sollte die Qualität weiterhin sehr hoch sein und die Wartezeit darf nicht zu einem echten Hindernis werden.

Unterschiedliche Positionen des Unternehmens

Die Geschäftswelt ist aus verschiedenen Akteuren aufgebaut. Grundlegend werden Hersteller und Händler unterschieden. Während die Hersteller vor allem Experten in der Produktion sind, stellen die Händler eine Schnittstelle zwischen den Kunden und den Herstellern dar.

Als Selbstständiger muss die Frage beantwortet werden,

SUBB52

welche Position innerhalb des Marktes eigentlich eingenommen wird. Besteht die Geschäftsidee aus einem besonders innovativem Produkt, dass bei den Kunden sehr gut ankommen könnte, ist es sinnvoll als Hersteller aufzutreten. In der Nebentätigkeit ist es aber selten möglich, direkt eine eigene Fabrik oder Werkstatt zu gründen. Die Kosten für die Entwicklung des Prototyps können durch die Nutzung von „Makerspaces" reduziert werden. Da neuartige Produkte immer häufiger mit sehr aufwendigen Maschinen produziert werden, hat sich das Angebot solcher Räumlichkeiten ausgeweitet. Innerhalb der „Makerspaces" stehen verschiedene Maschinen und Computer zur Verfügung, mit denen die eigene Vision umgesetzt werden kann. So gibt es häufig 3D-Drucker, mit denen selbst komplizierte Formen innerhalb kürzester Zeit kreiert werden können.

Auch für andere Branchen gibt es für Hersteller in kleinerem Rahmen attraktive Angebote. So können eventuell die Räumlichkeiten von anderen Betrieben genutzt werden, um das eigene Produkt herzustellen. Brauereien überlassen zu diesem Zweck immer öfter die Produktionsmittel, die zur Herstellung notwendig sind. Ebenfalls können auch Bäckereien

SUBB53

in bestimmten Zeitfenstern genutzt werden. Natürlich ist mit dieser Nutzung eine Gebühr verbunden. Auf diese Weise ist es aber möglich, dass eigene Produkt in geringer Stückzahl herzustellen und dieses am Markt zu testen. Danach kann Schritt für Schritt erörtert werden, ob die Investition in eigene Räumlichkeiten und der Aufbau einer Produktionsstätte sinnvoll ist.

Steht nicht das eigene Produkt im Vordergrund, sondern das Verkaufstalent, dann ist die Positionierung als Händler unter Umständen besser. Als Händler wird keine eigene Produktion vorgenommen. Diese wird den Herstellern überlassen und der Händler ist dafür zuständig, die Waren an den Kunden zu bringen. Heutzutage ist die Tätigkeit als Händler mit geringen Hürden verbunden. Gerade durch das Internet besteht die Möglichkeit, selbst ohne eigenen Investitionen diese Aufgabe auszuführen.

In Zusammenarbeit mit Amazon oder Alibaba besteht die Option, gegen eine Provision die Waren zu verkaufen. Möglich ist dies über die eigene Webseite, welche danach auf die großen Online-Händler verlinkt. Auf der Webseite werden

SUBB54

Informationen angeboten, die dem Kunden helfen eine bessere Kaufentscheidung zu treffen. Tätigt er danach einen Kauf bei dem Verkaufsportal, wird eine Provision eingenommen.

Es besteht aber auch die Möglichkeit viel direkter als Händler aufzutreten. Mit etwas mehr Investitionen und Risiko ist es möglich, selber als Marke wahrgenommen zu werden. Über die Plattform Alibaba kann direkt ein Kontakt mit den Produzenten in Asien hergestellt werden. Diese können nach den eigenen Anforderungen das gewünschte Produkt herstellen und als Händler wird dieses entsprechend vermarktet.

Dabei besteht die Möglichkeit, auf weitere Angebote der großen Online-Händler zurückzugreifen. Amazon bietet zum Beispiel das gesamte Fulfillment an. Dies beinhaltet die Lagerung, Verpackung und Versand zum Kunden. Damit werden einige Schritte übernommen und die Strukturen müssen nicht erst selber aufgebaut werden. Gerade für ein neues kleines Unternehmen ist dies von Vorteil, da die Investitionen überschaubar sind. Es ist möglich, die Produkte direkt von Asien zu einem Lager von Amazon liefern zu lassen und die weiteren Arbeiten werden dort übernommen. Der Eigenaufwand

SUBB55

ist relativ gering.

Mit der richtigen Idee zum Unternehmen

Wie sollte die Geschäftsidee also aussehen und welche Position ist für das neue Unternehmen am vielversprechendsten?

Es ist klar, dass eine neue Idee als Basis für das Geschäft dienen sollte. Ein bestehendes Geschäft zu kopieren und zu hoffen, dieses erfolgreicher zu führen ist in den wenigsten Fällen wirklich zielführend. Besser ist es, wenn entweder eine komplett neuartige Idee oder zumindest eine Weiterentwicklung verwirklicht wird.

Es ist also nicht unbedingt notwendig, etwas völlig Neuartiges zu entwickeln, das es bisher noch gar nicht auf dem Markt gab. Vielmals ist es schon ausreichend, wenn bestehende Angebote verfeinert und entsprechend weiterentwickelt werden. Bei den digitalen Angeboten kann dies zum Beispiel anhand von AirBnB oder Uber veranschaulicht werden. Diese haben kein komplett neuartiges Geschäftsmodell entwickelt.

SUBB56

Sie haben es aber geschafft, die Angebote so zu bündeln, dass die Nutzung für den Kunden sehr viel komfortabler ist. Nebenbei haben diese beiden Beispiele die Plattformstrategie umgesetzt, bei denen Anbieter und Kunden zusammengeführt werden. Diese Beispiele verdeutlichen, wie rentabel dieser Bereich als Unternehmer sein kann.

Mit einem sehr viel höheren Risiko ist die Kreation einer völlig neuartigen Geschäftsidee verbunden. Da es hier kaum Erfahrungswerte gibt, ist es schwer möglich den späteren Erfolg abzuschätzen. Gerade in der Anfangszeit ist einige Disziplin notwendig, um diese Strategie zu verfolgen. Es kann mitunter einige Zeit dauern, bis dieses Modell rentabel ist. Die Schwierigkeit besteht darin, dass es kaum abschätzbar ist, wann dieser Zeitpunkt eintritt. Diese Strategie ist nur zu empfehlen, wenn Leidenschaft in dem Projekt steckt. Es muss schon sehr viel Herzenslust vorhanden sein, um Monate und vielleicht Jahre an einem Projekt zu arbeiten, ohne zu wissen, ob dieses tatsächlich erfolgreich sein wird. Gerade für Neueinsteiger im Bereich der Unternehmensgründung ist dies nicht unbedingt zu empfehlen.

SUBB57

Eine andere Möglichkeit für ein eigenes Geschäftsmodell besteht in der Kombination bereits bestehender erfolgreicher Konzepte. Für sich genommen kann erörtert werden, welche Ideen schon erfolgreich sind. Anstatt diese aber nur plump zu kopieren, werden diese mit weiteren Ideen kombiniert. Dies kann zum Beispiel der Waschsalon mit angeschlossenem Café sein. Hier wird die Wartezeit überbrückt, indem Getränke oder Speisen angeboten werden.

Abschließend bleibt zu sagen, dass es natürlich nicht immer das eine erfolgreiche Geschäftsmodell gibt. Wichtig ist in jedem Fall, dass die notwendige Disziplin vorhanden ist, um die Idee auch tatsächlich umzusetzen. Denn wie so oft gilt, dass viele Menschen zwar einige Ideen besitzen, im Nachhinein aber nicht bereit sind, diese auch zu verwirklichen. Nur wenn die notwendige Arbeit durchgeführt wird, um die Idee in die Tat umzusetzen, kann die Selbstständigkeit gelingen.

SUBB58

KAPITEL

Die Wahl der korrekten Rechtsform.

GRÜNDUNG DES UNTERNEHMENS

Die Rechtsformen im Vergleich

STEHT EINE IDEE IM Vordergrund, welche verwirklicht werden soll, sind mit der Gründung des Unternehmens einige Hürden verbunden. In Deutschland sind die büro-kratischen Anforderungen vergleichsweise hoch und es ist eine Menge Arbeit auszuführen, bevor die eigentliche Tätig-keit aufgenommen werden kann. Diese Hürden dienen dem Schutz der Kunden und des Unternehmers. Zudem werden verschiedene Möglichkeiten aufgezeigt, mit denen das Unter-nehmen maßgerecht nach den eigenen Anforderungen gestaltet werden kann.

Eine der grundlegenden Entscheidungen ist die der Rechtsform. Es gibt eine Vielzahl von Optionen, wie das Unternehmen aufgebaut sein kann. Diese Varianten sind jeweils mit Vor- und Nachteilen verbunden. Diese betreffen

SUBB61

die Haftung und die allgemeine Struktur des Unternehmens. Damit das Vorhaben der Selbstständigkeit sich nicht zum eigenen Nachteil entwickelt, muss bei der Wahl der Rechtsform sehr sorgfältig vorgegangen werden.

Unterschieden werden hierbei Personengesellschaften und Kapitalgesellschaften. Die Personengesellschaft stellt einen Zusammenschluss mehrerer natürlicher Personen zu einer Gesellschaft dar. In Zusammenarbeit agieren mehrere Personen als Geschäftsführer. Mit dieser Gesellschaft ist die Haftung der persönlichen Geschäftsführer verbunden. Diese haften mit Ihrem privaten Vermögen. Geht es dem Unternehmen schlecht und droht sogar die Insolvenz, kann das Privatvermögen zur Begleichung der Verbindlichkeiten herangezogen werden. Dies stellt natürlich ein großes Risiko dar und dieser Schritt sollte nur vollzogen werden, wenn eine ausreichend hohe Vertrauensbasis zu den weiteren Geschäftsführern besteht.

Für die Gründung einer Personengesellschaft ist ein Gesellschaftervertrag notwendig. Dieser regelt die Struktur des Unternehmens und wie die Aufgaben unter den

SUBB62

Geschäftsführern verteilt sind. So wird zum Beispiel geregelt, was geschieht, wenn ein Gesellschafter aus dem Unternehmen ausscheidet. Ebenso muss festgehalten werden, was nach dem Tod eines Gesellschafters geschieht.

Unter den Personengesellschaften gibt es eine Vielzahl von Abwandlungen und unterschiedlichen Varianten. Eine Personengesellschaft, die gegründet werden kann ist die offene Handelsgesellschaft. Wer als Handelskaufmann tätig ist, muss diese Form der Handelsgesellschaft gründen. Von Rechtswegen ist es ausgeschlossen, als Handelskaufmann eine Gesellschaft bürgerlichen Rechts zu gründen. Die offene Handelsgesellschaft muss in das Handelsregister eingetragen werden.

Eine andere Variante bietet die Kommanditgesellschaft. Bei dieser besteht das Unternehmen aus einem Komplementär und den Kommanditisten. Der Komplementär haftet in diesem Fall mit seinem gesamten Privatvermögen. Die Kommanditisten werden als weitere Gesellschafter angesehen. Sie haften nur mit dem Kapital, welches Sie in die Gesellschaft eingebracht haben. Mit dieser Rechtsform kann die

SUBB63

Haftung der Gesellschafter begrenzt werden. Möchten diese nur Kapital in das Unternehmen einbringen und nicht an der Geschäftsführung teilnehmen, stellt dies die wesentlich bessere Variante dar.

Neben der grundsätzlichen Wahl der Personengesellschaft kann auch eine Kapitalgesellschaft gegründet werden. Diese werden nicht mehr als natürliche, sondern als juristische Person angesehen. Die Kapitalgesellschaft tritt im Außenverhältnis als eigenständige Person auf. Ein wesentlicher Unterschied besteht darin, dass die Eigentümer und Geschäftsführer im Falle der Insolvenz nicht mit Ihrem Privatvermögen haften. Steht es um die Kapitalgesellschaft wirtschaftlich schlecht und droht die Insolvenz, wird nur das Vermögen aus der Gesellschaft verwendet, um die Gläubiger zu bedienen. Gerade wenn der wirtschaftliche Erfolg unsicher ist und ein hohes Risiko besteht, sollte diese Rechtsform gewählt werden. Damit besteht keine Gefahr, dass das Privatvermögen durch die Verbindlichkeiten der Gesellschaft angegriffen wird.

Im Allgemeinen ist die Gründung einer

SUBB64

64

Kapitalgesellschaft mit höheren finanziellen Investitionen verbunden. Die Haftung der Gesellschafter wird vermindert, damit aber dennoch eine gewisse Sicherheit für die Geldgeber und Kunden vorhanden ist, muss eine höhere Anfangsinvestition getätigt werden. Dieser Beitrag dient als Sicherheit, gegenüber den Gläubigern.

Die populärste Variante stellt das Einzelunternehmen dar. Das Einzelunternehmen zählt zu den Personengesellschaften und ist ein Übergriff für alle Gewerbetreibenden, sowie Freiberufler. Damit wird unter der Einzelunternehmung eine sehr breite Gruppe an Personen verstanden. Knapp drei Viertel aller Gründungen im Jahr 2015 wurde in der Form des Einzelunternehmens vollzogen. Dies liegt daran, dass für die Gründung lediglich eine Gewerbeanmeldung notwendig ist. Durch diese Anmeldung wird das Einzelunternehmen gegründet und die Geschäftstätigkeit kann aufgenommen werden. Allerdings muss bedacht werden, dass der Einzelunternehmer mit seinem Privatvermögen haftet. Wächst das Gewerbe mit der Zeit und besteht der Wunsch, die private Haftung zu begrenzen, muss die Gesellschaft die Gesellschaftsform wechseln. Aus dem laufenden Betrieb heraus ist

SUBB65

dies mit einigem Aufwand verbunden. Schließlich müssen alle Konten, Verträge und Vermögenswerte an die neue Gesellschaft angepasst werden. Besteht schon früh der Wunsch, die Haftung zu begrenzen und ist das finanzielle Grundkapital vorhanden, um direkt eine Kapitalgesellschaft zu gründen, ist dies für die meisten Selbstständigen die bessere Entscheidung. Es muss aber auch beachtet werden, dass damit mehr Aufwand einhergeht und mit der Führung der Kapitalgesellschaft höhere Auflagen verbunden sind.

Ein Vorteil der Kapitalgesellschaften ist die einfachere Durchführung der Beteiligung. Werden finanzielle Mittel benötigt, können Gesellschafter zum Beispiel in die GmbH aufgenommen werden. Diese verfügen nicht über die Rechte, die Geschäftsführung zu beeinflussen, sondern stellen lediglich die finanziellen Mittel bereit. Damit wird eine Finanzierung erleichtert. Allerdings muss eine große Überzeugung geleistet werden, damit neue Gesellschafter als Geldgeber hinzugewonnen werden. Diese müssen vom Erfolg des Unternehmens und der Idee überzeugt sein. Tritt ein wirtschaftlicher Misserfolg ein, haften die Gesellschafter mit Ihren Einlagen.

SUBB66

Die Vorteile des Kleingewerbes

Eine Sonderform des Einzelunternehmers, welche vor allem für unerfahrene Gründer von Vorteil ist, ist das Kleingewerbe. Einer der größten Vorteile ist, dass die Umsatzsteuer weder eingetrieben, noch an das Finanzamt abgegeben werden muss. Gerade die Umsatzsteuer stellt für viele Selbstständige eine Herausforderung dar, die gerne vermieden wird. Stellt sie doch hohe Anforderungen an die Buchhaltung und zunächst ist wenig verständlich, inwiefern die Umsatzsteuer auch zum Vorteil des Unternehmens genutzt werden kann.

Da die Selbstständigkeit bereits mit einigen Fragen verbunden ist, bietet das Kleingewerbe also diese Erleichterung. Auf den Rechnungen des Kleingewerbes darf die Umsatzsteuer nicht ausgewiesen werden. Umgekehrt bedeutet dies aber auch, dass die bezahlte Umsatzsteuer nicht erstattet wird. Auch wenn die Umsatzsteuer häufig als lästig wahrgenommen wird, kann sie nämlich auch einen Vorteil darstellen. Fallen zu Beginn der Gründung des Unternehmens einige Investitionen an, kann die Umsatzsteuer erstattet werden. Dies kann der Fall sein, wenn ein Laptop gekauft wird. In der

SUBB67

Praxis bedeutet dies, dass der Laptop somit rund 19 Prozent günstiger im Einkauf für den Gewerbetreibenden ist, als für den Privatkäufer. Im Kleingewerbe besteht die Möglichkeit der Erstattung der Umsatzsteuer nicht.

Die Wahl zugunsten des Kleingewerbes ist vor allem für Selbstständige geeignet, die online arbeiten und dort verschiedene Dienstleistungen anbieten. Als Webdesigner oder Mediengestalter sind die eigenen Investitionen meist recht überschaubar. Falls schon ein Laptop vorhanden ist, kann dieser einfach genutzt werden und es muss nicht erst noch in ein neues Gerät investiert werden. Für diese Art der Selbstständigen entsteht durch den Wegfall der Umsatzsteuer kein spürbarer Nachteil. Auf der anderen Seite ist der bürokratische Aufwand wesentlich geringer.

Beim Schreiben der Rechnung als Kleingewerbetreibender muss ausdrücklich ein Hinweis erfolgen, dass die Umsatzsteuer nicht ausgewiesen werden darf. Das Schreiben einer ordentlichen Rechnung mit all seinen erforderlichen Angaben gehört ebenfalls zu den Pflichten eines Selbstständigen. Je nach Rechtsform bestehen andere

SUBB68

Anforderungen, welche für die Rechnung beachtet werden müssen. Die Kleinunternehmerregelung ist nur anwendbar, wenn der Umsatz innerhalb eines Kalenderjahres unter 17.500 Euro bleibt. Wird dieser Umsatz überschritten, darf diese vereinfachende Regelung für das Folgejahr nicht mehr angewandt werden und die Umsatzsteuer muss ausgewiesen, sowie abgeführt werden. Die Regelung wird während der Gewerbeanmeldung ausgewählt.

Als Kleingewerbetreibender werden im Bereich der Umsatzsteuer Erleichterungen gewährt. Zum Großteil bleiben jedoch die gleichen Regelungen bestehen. Dies bedeutet, dass eine Haftung mit dem Privatvermögen eintritt. Für den Gründer mag dies häufig zum Nachteil ausgelegt werden und viele Personen scheuen sich davor, mit dem eigenen Vermögen zu haften. Diese Regelung bietet für ein neues Unternehmen aber auch Vorteile. So genießt das Einzelunternehmen bei Banken einen besseren Ruf. Insbesondere wenn die verantwortliche Privatperson über eine hohe Bonität verfügt und ein ausreichend hohes Privatvermögen besitzt, sind Banken eher bereit Kredite für das Unternehmen zur Verfügung zu stellen. Bei Kapitalgesellschaften ist die Kreditbeschaffung

SUBB69

etwas schwieriger. Gerade wenn hohe Summen benötigt werden, agieren Banken sehr zögerlich. Schließlich dient nur das Gesellschaftsvermögen als Sicherheit. Das Risiko ist für den Geldgeber in diesem Fall höher und es besteht die Gefahr, dass durch den bereitgestellten Kredit ein finanzieller Verlust entsteht.

Wie wird eine Gesellschaft bürgerlichen Rechts gegründet

Neben dem Einzelunternehmen ist eine Form der Personengesellschaft, die Gesellschaft bürgerlichen Rechts, kurz „GbR". Im Jahr 2015 entfielen auf diese Rechtsform etwa 5,1 Prozent aller neu gegründeten Gesellschaften. Die gesetzlichen Vorgaben sind im Vergleich zu den Kapitalgesellschaften niedriger und daher entscheiden sich gerade viele Neugründer für diese Rechtsform. Die Hürden sind vergleichsweise gering und dennoch können einige Anpassungen vorgenommen werden.

Eine Gesellschaft bürgerlichen Rechts besteht aus mehreren Gesellschaftern. Möchten diese keine Kapitalgesellschaft

SUBB70

gründen, können diese sich in Form der GbR zusammenschließen. Dieser Zusammenschluss ist für einige Geschäftsmodelle denkbar. Dies kann zum Beispiel der Fall sein, wenn zusammen mit einem Geschäftspartner ein kleines Café gegründet wird.

Die Gründung der Gesellschaft bürgerlichen Rechts ist relativ einfach und formlos möglich. Es reicht im Grunde der Sachverhalt aus, dass die Tätigkeit im Café gemeinsam aufgenommen wird. Dies bedeutet, dass für die Gründung kein schriftlicher Vertrag notwendig ist oder ein Stammkapital in die Gesellschaft eingebracht werden muss. Ebenfalls nicht notwendig ist die Eintragung in das Handelsregister. Der finanzielle Aufwand für die Gründung des Unternehmens beschränkt sich also hauptsächlich auf die Investition in das eigentliche Geschäftsfeld. Damit können die Gründer sich auf die Verwirklichung der Idee konzentrieren und besondere bürokratische Hürden sind nicht vorhanden.

Für die Gr ündung der GbR ist ein Gesellschaftervertrag nicht zwingend notwendig. Wird dieser nicht aufgesetzt, gelten die gesetzlichen Bestimmungen. In den meisten Fällen

SUBB71

ist es jedoch sinnvoll, wenn solch ein Vertrag aufgesetzt wird. Dieser sorgt für Rechtssicherheit, wenn es zu Problemen oder ungewöhnlichen Vorfällen innerhalb der Gesellschaft kommt. Durch den Gesellschaftervertrag können diese Unsicherheiten beseitigt werden und die gesetzlichen Regelungen werden so angepasst, wie es für das Unternehmen am besten ist.

Eine häufige Anpassung findet im Bereich der einstimmigen Beschlüsse statt. Wird hier kein Gesellschaftervertrag aufgesetzt bedeutet dies, dass das Unternehmen nur einstimmig wichtige Verträge abschließen kann. Dies führt dazu, dass bei der Kreditaufnahme oder dem Abschluss anderer Geschäfte ab einem bestimmten Wert, eine Einstimmigkeit unter den Gesellschaftern erforderlich ist. Bei einer geringen Anzahl von Gesellschaftern mag dies noch praktisch umsetzbar sein. Sind nur zwei Gesellschafter im Unternehmen tätig, können diese sich schnell absprechen und die Entscheidungen treffen. Steigt die Anzahl der Gesellschafter, wird die Kommunikation und die Zustimmung komplizierter. Hier ist es sinnvoll, wenn anstatt der Einstimmigkeit, die Möglichkeit besteht Mehrheitsbeschlüsse durchzuführen. Dadurch bleibt die Gesellschaft bürgerlichen Rechts flexibel und kann auf

SUBB72

Probleme relativ zügig reagieren.

Ein weiterer häufiger Kritikpunkt bei der gesetzlichen Regelung der GbR ist die Ausscheidung eines Gesellschafters. Hier sieht das Gesetz keine Möglichkeit der Fortsetzung des Unternehmens. Dieses müsste in diesem Fall aufgelöst werden. In den meisten Fällen ist es allerdings erstrebenswert, wenn das Unternehmen auch trotz Ausscheidens eines der Beteiligten weitergeführt werden kann. Die verbliebenen Gesellschafter können die Arbeit übernehmen und das Unternehmen langfristig weiterführen. Damit dies möglich ist, muss ein Gesellschaftervertrag aufgesetzt werden. In diesem wird beschrieben, wie zum Beispiel mit dem Tod eines Gesellschafters zu verfahren ist. Möglich ist, dass einer der Erben unter Zustimmung der restlichen Gesellschafter als Nachfolger eintritt. Oder der Gesellschaftsanteil kann per Abfindung an die verbliebenen Gesellschafter übertragen werden. Welche Regelung getroffen wird, steht den Gesellschaftern frei.

Besteht kein Gesellschaftsvertrag über die Gewinne und Verluste, werden diese zu gleichen Teilen unter den Gesellschaftern aufgeteilt. Dabei ist es unerheblich, wie hoch der

SUBB73

tatsächliche Anteil an der Gesellschaft ist und wie die Arbeitszeit aufgeteilt wird. Die Gesellschafter sind zu gleichen Teilen am Gewinn, aber auch am Verlust beteiligt. Liegen Verbindlichkeiten vor, sind ebenfalls alle Gesellschafter an diesen beteiligt und müssen mit Ihrem Privatvermögen dafür einstehen. Da die Arbeit unter den Gesellschaftern in vielen Fällen nicht gleichmäßig aufgeteilt wird, sondern manche Personen mehr im Unternehmen involviert sind als andere, sollte vor der Gründung schon die Gewinnausschüttung betrachtet werden. So wird vermieden, dass es zu Missgunst unter den Gesellschaftern kommt und diese mit der Unternehmensführung nicht mehr einverstanden sind.

Ein Sonderfall besteht in der Haftung für ausgeschiedene und neu eintretende Gesellschafter. Ausscheidende Gesellschafter haften bis zu fünf Jahre für die bis zum Zeitpunkt des Ausscheidens eingegangenen Verbindlichkeiten. Werden diese nicht mehr rechtzeitig bedient, kann selbst der bereits ausgeschiedene Gesellschafter dafür haftbar gemacht werden und die Verbindlichkeiten müssen aus seinem Privatvermögen beglichen werden. In der Haftung gegenüber dem Gläubiger kann diese Nachhaftung nicht reduziert werden. Dies ist

SUBB74

74

offensichtlich, andernfalls könnten im Gesellschaftervertrag Regelungen getroffen werden, die für Außenstehende zum Nachteil sein könnten. Unter den Gesellschaftern können aber eigene Regelungen für diese Nachhaftung getroffen werden. So besteht die Möglichkeit, diese nicht auf fünf Jahre zu begrenzen, sondern deutlich zu verkürzen. Allerdings betrifft dies nur das Innenverhältnis. Der Gläubiger kann weiterhin alle Gesellschafter ansprechen, die noch innerhalb des fünf-Jahreszeitfensters liegen. Im Innenverhältnis kann dann, dass Geld wieder von den verbliebenen Gesellschaftern eingefordert werden, wenn die Nachhaftung bereits abgeschlossen ist.

Um all diese Regelungen nach den eigenen Bedürfnissen zu treffen, ist der Gesellschaftervertrag die rechtliche Grundlage. Für die Gründung der GbR ist dieser zwar nicht zwingend notwendig, er ist aber sinnvoll, damit die Arbeit so effektiv wie möglich gestaltet wird.

SUBB75

Wahl des Firmennamens

Die Wahl des Namens für Kapitalgesellschaften ist kaum Einschränkungen unterlegen. Hier können Fantasienamen gewählt werden, die vollkommen frei erfunden sind und weder den Unternehmenszweck, noch seine Beteiligten widerspiegeln müssen. Der Name sollte allerdings so ausgewählt werden, dass dieser möglichst einprägsam ist. Dies geschieht nicht vor dem Hintergrund rechtlicher Einschränkungen, sondern dass das Unternehmen für Kunden lange im Gedächtnis bleiben sollte. Allerdings darf der Name keine falschen Tatsachen darstellen. So kann es verboten sein, bestimmte Personennamen als Firmenname zu verwenden, wenn keinerlei Verbindung zwischen dem Unternehmen und der genannten Person besteht.

Für Personengesellschaften bestehen stärkere Einschränkungen hinsichtlich der Namensgebung. Anders als bei Kapitalgesellschaften, handelt es sich bei diesen Konstrukten nicht um anonyme Mitarbeiter, die dem Unternehmen angehören. Im Firmennamen müssen alle Nachnamen der Gesellschafter und mindestens ein Vorname vorkommen.

SUBB76

76

Dadurch ist zumindest ein vollständig haftender Gesellschafter nach außen hin sichtbar. Dies schafft Vertrauen und sorgt für eine größere Transparenz. Die Gesellschafter können sich nicht hinter Fantasienamen verstecken und Ihre Tätigkeiten innerhalb des Unternehmens verbergen. Scheint diese Regelung nicht umsetzbar, weil zum Beispiel zu viele Gesellschafter an der Gesellschaft bürgerlichen Rechts beteiligt sind, kann ausnahmsweise auch ein Fantasiename verwendet werden. In jedem Fall ist der Zusatz „GbR" im Namen zu nutzen. Durch diesen wird angezeigt, um welche Rechtsform es sich handelt.

Fremdfinanzierung für das frisch gegründete Unternehmen

Nicht jeder hat die Möglichkeit, das Unternehmen aus den eigenen finanziellen Mitteln aufbauen zu können. Manche Geschäftsideen gehen mit sehr geringen Kosten einher. Dies ist vor allem für virtuelle Produkte der Fall und wenn diese digital vertrieben werden. Es muss keine physische Produktion erfolgen und die Kosten sind in den meisten Fällen geringer.

SUBB77

Liegt dem Geschäftsmodell ein physisches Produkt zugrunde, bedeutet dies in der Regel, dass eine Fremdfinanzierung benötigt wird. Banken oder andere Investoren werden angefragt, um einen Teil der finanziellen Mittel bereitzustellen, damit die Selbstständigkeit begonnen werden kann. Bei der Gesellschaft bürgerlichen Rechts wirkt sich der Umstand der Privathaftung positiv auf die Kreditwürdigkeit aus. Die Banken erhalten das Privatvermögen als Sicherheit und das Gesamtrisiko wird durch diese Art der Haftung etwas abgefedert. Ebenfalls von Vorteil ist die Gesamthaftung jedes einzelnen Gesellschafters für die Verbindlichkeiten, die von der GbR aufgenommen wurden. Erweist sich ein Gesellschafter als wenig Zahlungsfähig, hat die Bank noch weitere Personen an die sie sich wenden kann, um die ausstehenden Verbindlichkeiten zu begleichen. Im Umkehrschluss erhöht dies aber auch das Risiko für die Gesellschafter, da diese mit Ihrem Vermögen für Verbindlichkeiten haften, die von anderen Personen eingegangen wurden. Dennoch ist diese Struktur für Banken vorteilhaft und die Finanzierung ist einfacher, als es bei Kapitalgesellschaften, mit wenig Einlagevermögen der Fall wäre.

SUBB78

Die GmbH gilt unter den Kapitalgesellschaften als sehr beliebt. Mehr als 10 Prozent aller neu gegründeten Unternehmen im Jahr 2015 fielen in diese Rechtsform. Die Anforderungen sind relativ überschaubar und die wohl größte Hürde ist die Einlage in Höhe von 25.000 Euro, die erbracht werden muss. Die Haftung ist auf das Vermögen der Kapitalgesellschaft begrenzt. Das Privatvermögen der Gesellschafter wird nicht angetastet. Für Banken bedeutet dies einen Nachteil, wenn hohe Kredite vergeben werden und das Stammkapital als einzige Sicherheit vorhanden ist. Diese muss genau prüfen, wie hoch das Ausfallrisiko ist und ob mit diesem Umstand eine Kreditvergabe überhaupt möglich ist. Wird der Kredit bewilligt, ist dieser in vielen Fällen nur zu relativ schlechten Konditionen erhältlich. Aufgrund des geringeren Haftungskapitals steigt der Zinssatz. Die Fremdfinanzierung für die GmbH ist damit wesentlich kostspieliger und komplizierter.

Der Staat ist bemüht die Selbstständigkeit zu fördern und mehr Interessenten diesen Schritt zu erleichtern. Das Kleingewerbe ist eine Erleichterung, die während der letzten Jahre gewährt wurde. Eine weitere neue Rechtsform ist die Unternehmergesellschaft. Hierbei handelt es sich im Wesentlichen

SUBB79

um eine GmbH, dessen Stammkapital nicht bei 25.000 Euro, sondern mindestens einem Euro liegt. Wer also die Einlage der GmbH nicht erbringen kann, hat die Option eine Unternehmergesellschaft zu gründen.

Im Vergleich der zahlreichen Rechtsformen schneidet die Unternehmergesellschaft am schlechtesten ab. Durch das geringe Stammkapital von mindestens einem Euro und der Haftungsbeschränkung, kann es vorkommen, dass so gut wie keine Sicherheiten für den Gläubiger vorhanden sind. Scheitert die Unternehmergesellschaft, bleiben die Gläubiger auf Ihre Darlehen sitzen und ihnen entstehen auf d i e s e m We g e h o h e K o s t e n . B e i d e r Unternehmergesellschaft bedarf es schon einer sehr außergewöhnlichen und profitablen Idee, um die Investoren von der Gewährung des Kredites zu überzeugen.

Wie hoch der Finanzierungsbedarf des Unternehmens während der Anfangsphase ist, sollte bei der Wahl der Rechtsform beachtet werden. Für Banken hat die Rechtsform einen hohen Einfluss darauf, ob ein Kredit gewährt oder abgelehnt wird und zu welchen Konditionen dieser vergeben werden

SUBB80

kann.

Wann ein Gewerbe angemeldet werden muss

Der Weg zur Selbstständigkeit ist in den meisten Fällen mit einer Gewerbeanmeldung verbunden. Die Anmeldung zeigt nach Außen, dass die unternehmerische Tätigkeit aufgenommen wurde. Damit steht also fest, dass es sich nicht mehr nur um eine bloße Idee handelt, sondern dass die Selbstständigkeit wahrgenommen wird. Mit der Erfüllung der nachstehenden Kriterien, ist die Gewerbeanmeldung zwingend erforderlich. Daraus ergibt sich schon, dass in manchen Fällen die Selbstständigkeit auch ohne Gewerbeanmeldung möglich ist.

Das erste Kriterium ist die selbstständige Tätigkeit. Dies bedeutet im Gegensatz zum Arbeitnehmer, dass eigene Rechnungen geschrieben werden und das Risiko auf sich geladen wird. Der Arbeitnehmer ist höchstens berechtigt, die Rechnung als Vertretungsberechtigter des Unternehmens auszustellen und das unternehmerische Risiko wird von den Eigentümern übernommen. Als Unternehmer müssen die

SUBB81

Fehler selber eingestanden werden. Arbeitnehmer haften nur bei grober Fahrlässigkeit und um diese nachzuweisen müssen einige belastbare Beweise vorhanden sein. Selbstständige haften allerdings für jeden kleinen Fehler. Dies kann schon ein Zahlendreher bei einer Bestellung sein.

Ein weiteres Kriterium für die Gewerbeanmeldung ist die Langfristigkeit der unternehmerischen Tätigkeit. Die Tätigkeit ist nicht auf einen bestimmten Zeitraum begrenzt, sondern langfristig angelegt. Eine zeitlich befristete Tätigkeit wird zum Beispiel während der Semesterferien durchgeführt. Wer in dieser Zeit kurz vor den Prüfungen sich als Tutor anbietet, muss kein eigenes Gewerbe dafür gründen. Wichtig ist hierfür, dass der Zeitraum stark begrenzt ist. Für solch eine Tätigkeit muss jedoch weiterhin eine Rechnung ausgestellt werden. Diese muss keine Mehrwertsteuer beinhalten, das Einkommen ist aber natürlich weiterhin zu versteuern.

Wer einen freien Beruf ausübt, muss ebenfalls kein Gewerbe anmelden. Der Begriff des Freiberuflers ist allerdings nicht allgemeingültig im Gesetzestext definiert. Hierbei handelt es sich nur um Personen, die eine „freie wissenschaftliche,

SUBB82

künstlerische oder schriftstellerische Tätigkeit oder persönliche Dienstleistung höherer Art" anbietet. Im Sinne der höheren Bildung wird verstanden, dass für die Ausübung ein Hochschulabschluss benötigt wird. Zu den freiberuflichen Tätigen werden unter anderem Ärzte, Rechtsanwälte, Ingenieure oder Steuerberater gezählt. Diese Berufsgruppen müssen für die Ausübung Ihrer Tätigkeit kein Gewerbe anmelden, sondern können die Regelung des Freiberufes nutzen.

Wesentlich für das Unternehmen ist die Absicht, einen Gewinn erzielen zu wollen. Damit findet eine Abgrenzung zwischen einem einfachen Hobby statt, welches nicht auf einen Gewinn ausgerichtet ist. In diesem Fall wird auch von der Liebhaberei gesprochen. Unter die Liebhaberei fällt zum Beispiel auch ein Handwerksbetrieb, welcher nach dem Tod des Geschäftsführers nicht mehr aktiv ausgeübt wird. Durch die Regelung der Liebhaberei wird den Erben nicht zugemutet, dass diese die Auflagen des Gewerbes erfüllen müssen. Bei dieser Definition der Gewinnabsicht ist nicht der tatsächliche Gewinn zu betrachten. Gerade neu gegründete Unternehmen arbeiten unwirtschaftlich und sind mit Kosten verbunden, die erst im Laufe der nächsten Jahre gedeckt werden. Diese

SUBB83

unrentable Phase bedeutet nicht, dass Liebhaberei vorliegt. Schließlich ist immer noch die Absicht, einen Gewinn erzielen zu wollen wesentlich für dieses Kriterium.

Als etwas ungewöhnlich gilt im ersten Moment auch das Kriterium der guten Sitten. Wer gegen die guten Sitten verstößt, kann kein Gewerbe anmelden. Hierzu zählen zum Beispiel „Geschäftsmodelle", die darauf ausgerichtet sind das Geld zu erbetteln. Allerdings ist dieses Kriterium sehr schwierig in der Realität anzuwenden. Prostituierte müssen seit einem Urteil aus dem Jahre 2013 in jedem Fall ein Gewerbe anmelden. Damit sind Sie auch dazu verpflichtet, die Gewerbesteuer zu entrichten, falls die Einnahmen den Freibetrag überschreiten.

Die Unternehmensgründung ist also mit einigen Schritten verbunden, bis die eigentliche Tätigkeit so richtig aufgenommen werden kann. Die Wahl der Rechtsform stellt eine der bedeutendsten Entscheidungen dar. Wird eine ungeeignete Rechtsform gewählt, führt dies zu einigen Problemen im Laufe der Geschäftstätigkeit, die nur schwer gelöst werden können. Eine professionelle Beratung kann helfen,

SUBB84

84

die optimale Wahl zu treffen.

Gerade hinsichtlich der Haftung und der Kreditwürdigkeit bestehen einige Unterschiede zwischen den Rechtsformen,
die beachtet werden sollten. Für Selbstständige, die neben
dem Hauptberuf diese Tätigkeit ausführen wollen, stellt das
Kleingewerbe wohl die einfachste Variante dar, um den bürokratische Aufwand zu minimieren und den Fokus auf die
unternehmerische Tätigkeit zu legen.

85

SUBB85

KAPITEL

Alles zum Thema Steuern, Buchhaltung und Absicherung.

Die Buchhaltung

DIE SELBSTSTÄNDIGKEIT WIRD VOR allem mit der Vision verbunden, dass die eigene Geschäftsidee verwirklicht wird. Es wird etwas auf dem Markt gebracht, dass neuartig ist und einen großen Wert für die Gesellschaft darstellt. Neben diesen löblichen Aufgaben des Unternehmers kommen aber auch andere Tätigkeiten hinzu. Die Buchhaltung und die Auseinandersetzung mit der Steuer gehören zu den eher unliebsamen Aufgaben des Selbstständigen. Sie sind aber ein notwendiges Übel, wenn das Unternehmen aufgebaut werden soll. Zu Beginn ist der finanzielle Spielraum noch sehr eng und der Gang zum Steuerberater mit hohen Kosten verbunden. Daher werden die bürokratischen Aufgaben selber erledigt.

SUBB87

Welche Hürden es gibt und worauf als Selbstständiger ein besonderes Augenmerk zu legen ist, wird in diesem Kapitel erklärt. Damit fallen selbst „gespenstische" Aufgabengebiete wie die Buchhaltung nicht mehr so schwer und können alleine bewältigt werden.

Die einzelnen Vorschriften der Buchführung unterscheiden sich je nachdem, welche Rechtsform gewählt wurde. Die Buchführung dient sowohl als Sicherheit für den Unternehmer, aber auch für Außenstehende. Gegenüber dem Finanzamt dient die Buchführung als Grundlage für die Berechnung der Steuer.

Ein häufig gewählter Weg in die Selbstständigkeit führt über die Gesellschaft bürgerlichen Rechts oder dem Einzelunternehmen. Diese wurden bereits im vorherigen Kapitel ausführlich dargestellt. Sie stellen einen Zusammenschluss mehrerer natürlicher Personen dar, die einen gemeinsamen Geschäftszweck verfolgen. Damit verbunden sind Pflichten, die der Gesetzgeber auferlegt hat.

Für die abzuführende Steuer ist der Gewinn der

SUBB88

Unternehmung maßgeblich. Der Gewinn ermittelt sich aus der Einnahmen-Überschuss-Rechnung, die für das Gewerbe am Ende des Jahres aufgestellt wird. Hierbei werden alle Einnahmen und Ausgaben gegenübergestellt. Mittlerweile können solche Formulare online mit dem Elster-Programm ausgefüllt werden. Dies stellt eine große Erleichterung dar und verringert den Papieraufwand immens. Zudem werden Anmerkungen gegeben, die eine Hilfestellung bieten und aufzeigen, welche Bedeutung die einzelnen Zeilen haben.

Daneben muss die Umsatzsteuererklärung abgegeben werden. Die Umsatzsteuer wird ohnehin während des laufenden Geschäftsjahres regelmäßig an das Finanzamt abgeführt. Dies kann je nach Umsatz entweder quartalsmäßig oder jeden Monat als Pflicht bestehen. Am Ende des Geschäftsjahres ist zusätzlich noch eine komplette Umsatzsteuererklärung abzugeben.

Neben der Umsatzsteuer, welche dem Bund zugeführt wird, gibt es noch die Gewerbesteuer. Hierbei gibt es einen Freibetrag von 24.500 Euro. Die Gewerbesteuer wird nicht an den Bund, sondern an die jeweilige Kommune abgeführt. Die

SUBB89

Höhe der Gewerbesteuer wird von der jeweiligen Gemeinde festgelegt. Diese richtet sich in den meisten Fällen danach, wie gut die Infrastruktur ausgebaut ist und in welcher Lage sich die Kommune befindet. Städte haben in den meisten Fällen einen höheren Gewerbesteuersatz, als ländliche Gebiete. Damit wird der Nutzen für die Unternehmen abgebildet und wie stark diese von der Infrastruktur profitieren. Wird die Selbstständigkeit im Nebenberuf begonnen, wird der Freibetrag mit hoher Wahrscheinlichkeit nicht überschritten. Dies bedeutet leider nicht, dass die Arbeit der Gewerbesteuererklärung komplett erspart bleibt. Diese muss trotzdem an das zuständige Finanzamt abgegeben werden und dient als Nachweis über die wirtschaftliche Lage des Unternehmens.

Für den Fall das bereits Angestellte im eigenen Gewerbe vorhanden sind, muss die Lohnsteuer für diese entrichtet werden. Dies wird in vielen Gründungsfällen kaum vorkommen. Einige Bereiche, wie die Gastronomie und die Tourismusbranche sind von diesen Regelungen allerdings vermehrt betroffen. Angestellte erhöhen den bürokratischen Aufwand immens und dies sollte bei der Entscheidung für die Selbstständigkeit beachtet werden.

SUBB90

Bei Einzelunternehmen wird der Gewinn über die persönliche Steuererklärung in der Einkommensteuer abgegolten. Da das Personenunternehmen keine rechtlich eigenständige Person ist, kann keine Steuererklärung in dessen Namen abgegeben werden. Der Gewinn wird daher in der Steuererklärung der jeweiligen Gesellschafter versteuert.

Die Einnahmen-Überschuss-Rechnung ist ein relativ einfacher Fall und kann von den meisten Selbstständigen auch ohne Hilfe des Steuerberaters oder Buchhalters ausgeführt werden. Hierfür werden lediglich die Einnahmen und Ausgaben gegenübergestellt. Komplizierter wird es, wenn die Rechtsform die Aufstellung einer ordentlichen Bilanz erfordert. Bei der Bilanz werden die Aktiv- und Passivseite dargestellt. Die Aktivseite gibt an, wie die finanziellen Mittel eingesetzt werden und die Mittelherkunft ist in der Passivseite dargestellt. Das Aufstellen der Bilanz ist mit einem höheren Aufwand verbunden und muss sehr sorgfältig erledigt werden. Die Bilanz gibt eine ausführliche Auskunft über die wirtschaftliche Lage. Geschäftsvorfälle nehmen einen Einfluss auf die Bilanz. Hierbei spielen nicht nur tatsächliche Einnahmen und Ausgaben eine Rolle. Als zusätzliche Geschäftsvorfälle

SUBB91

91

müssen zum Beispiel Abschreibungen oder andere Wertverluste immaterieller Güter beachtet werden. Damit wird das Aufstellen einer Bilanz zu einer komplizierten Angelegenheit. Allerdings muss zur Beruhigung aufgeführt werden, dass die Bilanzpflicht eher größere Unternehmen oder jene Rechtsformen betrifft, die generell mit höheren Investitionen verbunden sind. Das kleine persönliche Nebengewerbe kommt allein mit der EinnahmenÜberschuss-Rechnung aus und muss keine Bilanz aufstellen.

Wird eine Kapitalgesellschaft gegründet, sind damit einige Veränderungen gegenüber der Personengesellschaft verbunden. Beim Steuerrecht zeigt sich der Unterschied recht deutlich. Generell kann gesagt werden, dass die Kapitalgesellschaft mit mehr verwalterischen Aufwand verbunden ist. Dies fällt auch bei der kleinen Unternehmergesellschaft ins Gewicht. Erleichterungen, wie zum Beispiel beim Kleingewerbe, treten hier nicht ein. Bei der Gründung der Unternehmergesellschaft müssen also Kosten für den Steuerberater eingeplant werden, wenn diese Aufgaben alleine nicht zu bewältigen sind.

SUBB92

Die Kapitalgesellschaft ist grundsätzlich zur Aufstellung einer Bilanz verpflichtet. Die Grundform wurde bereits beschrieben und zeigt, wie das Kapital im Unternehmen verwendet wird und wo es herkommt. Zusätzlich muss ein Anhang erstellt werden, der die einzelnen Positionen der Bilanz noch ausführlicher darstellt. Finden starke Veränderungen statt, können diese im Anhang erklärt werden. Für mittelgroße und große Kapitalgesellschaften ist zusätzlich noch ein Lagebericht verpflichtend. Der Lagebericht geht vor allem auf die zukünftige Situation des Unternehmens ein. Durch diesen wird die wirtschaftliche Lage für die Anteilseigner transparent dargestellt. Innerhalb des Berichts werden sowohl die Chancen, als auch die Risiken erwähnt, die mit dem Unternehmen verbunden sind. Es zeigt sich also, dass Kapitalgesellschaften mehr Arbeit zu leisten haben und nicht nur eine einfache Einnahmen-Überschuss-Rechnung erstellen können.

An die Stelle der Gewerbesteuer tritt bei Kapitalgesellschaften die Körperschaftssteuer. Diese Form der Steuer unterscheidet sich nicht mehr je nach Standort und der Kommune. Der Steuersatz ist einheitlich auf einen Wert von 15

SUBB93

93

Prozent des Einkommens bundesweit festgesetzt. Die Einnahmen aus der Körperschaftssteuer werden dem Bund und den Ländern jeweils zur Hälfte zur Verfügung gestellt.

Anders als bei den Personengesellschaften werden die Gewinne der Kapitalgesellschaft nicht automatisch den Gesellschaftern hinzugerechnet. Es kann entschieden werden, wie mit den Gewinnen umgegangen wird. Eine Möglichkeit besteht in dem Verbleib der Gewinne innerhalb der Kapitalgesellschaft. Ist dies der Fall, muss nur die Körperschaftssteuer und die Umsatzsteuer an das Finanzamt abgeführt werden. Bleibt der Gewinn in der Kapitalgesellschaft, wird dies als Thesaurierung bezeichnet. Durch diesen Vorgang wird das Eigenkapital erhöht und zukünftige Investitionen können aus den eigenen Mitteln finanziert werden. Durch die Erhöhung des Eigenkapitals wird externen Geldgebern eine höhere Sicherheit geboten. Damit steigt die Wahrscheinlichkeit, dass Kredite gewährt werden und die Konditionen verbessern sich.

Die Kapitalgesellschaft kann sich auch dazu entscheiden, einen Teil des Gewinnes auszuschütten. In diesem Fall wird der Ausschüttungsbetrag für die entsprechenden

SUBB94

94

Gesellschafter nicht über die Einkommensteuer verrechnet, sondern mit der Abgeltungssteuer. Diese ist unabhängig von der Höhe des Einkommens und beträgt pauschal 25 Prozent. Auf diesen Prozentsatz wird noch der Solidaritätszuschlag und die Kirchensteuer addiert.

Das Ausstellen der Rechnung

Ist das Geschäft angelaufen und die ersten Einnahmen sind zu verbuchen, ist dies mit weiteren bürokratischen Hürden verbunden. Die Rechnung muss vollständig und so gestaltet sein, dass diese für das Finanzamt nachvollziehbar ist. Hierbei müssen einige Punkte beachtet werden.

Grundsätzlich müssen sowohl die Anschriften des Empfängers, als auch Senders vorhanden sein. Auch wenn das Geschäft nur mit virtuellen Gütern oder Dienstleistungen durchgeführt wird, müssen diese Anschriften existent sein. Daher sollte der Empfänger immer seine Rechnungsanschrift angeben.

Zusätzlich muss die Steuernummer auf der Rechnung

SUBB95

stehen. Möglicherweise ist diese zu Beginn der unternehmerischen Tätigkeit noch gar nicht vorhanden. Wurde als Arbeitnehmer noch keine Steuererklärung abgegeben, ist auch keine Steuernummer vorhanden. Diese wird erst nach der Gewerbeanmeldung vom Finanzamt vergeben. Zu Beginn kann es also notwendig sein, dass das Aktenzeichen des steuerlichen Erfassungsbogens die Steuernummer ersetzt. Bei einem Umzug ändert sich die Steuernummer, da diese von dem Finanzamt abhängig ist. Um für eine höhere Sicherheit zu sorgen, kann daher zusätzlich die Umsatzsteuer-ID angegeben werden. Diese ist unabhängig vom Standort und bleibt in jedem Fall gleich. Dadurch wird ein höheres Maß an Sicherheit geboten.

Die Rechnung sollte mit einer einmaligen Rechnungsnummer versehen werden. Die fortlaufende Nummer zeigt dem Finanzamt an, dass die Einnahmen vollständig sind und keine Rechnung vergessen wurde.

Zudem muss neben dem Netto-Betrag für die Leistung auch der Brutto-Betrag ausgewiesen werden. Der BruttoBetrag ergibt sich aus dem Netto, zuzüglich der Umsatzsteuer.

SUBB96

Die Umsatzsteuer ist von der Art der Leistung abhängig und kann entweder 7 oder 19 Prozent betragen. Der verminderte Steuersatz von 7 Prozent ist vor allem für Artikel und Dienstleistungen fällig, die zum Grundbedarf gehören. Dazu werden neben Lebensmittel auch Eintrittskarten für Sport und Kultur gezählt. Ebenso fallen Zeitschriften und Bücher unter den verminderten Umsatzsteuersatz. Die genaue Aufschlüsselung ist allerdings nicht unbedingt logisch nachvollziehbar und muss im Einzelfall in Erfahrung gebracht werden. So wird Milch mit einem Steuersatz von 7 Prozent belegt, wohingegen Sojamilch mit 19 Prozent besteuert wird. Zwar gibt es regelmäßig Bestrebungen, diese teils widersinnigen Regelungen zu reformieren, dennoch ist kaum abzusehen, dass tatsächlich grundlegende Änderungen durchgeführt werden. Die Abschaffung des reduzieren Satzes würde gerade für Personen mit geringem Einkommen eine höhere finanzielle Belastung darstellen.

Leichter fällt die Regelung für Selbstständige, die von der Kleinunternehmerregelung Gebrauch machen. Diese dürfen auf der Rechnung keine Umsatzsteuer ausweisen. Hier gilt der Grundsatz, dass Brutto=Netto ist. Allerdings muss auf

SUBB97

der Rechnung ausdrücklich ein Hinweis erfolgen, dass das Ausweisen der Umsatzsteuer aufgrund §19 nicht erforderlich ist. Wird dieser Zusatz vergessen, kann dies zur Folge haben, dass das Finanzamt die Abführung der Umsatzsteuer fordert, obwohl diese gar nicht eingenommen wurde.

Eine fehlerhafte Erstellung der Rechnung kann nicht nur für die Organisation des eigenen Unternehmens zu Schwierigkeiten führen. Mitunter können die Fehler teuer werden, wenn das Finanzamt eine Nachzahlung oder Nacharbeit fordert. Für die Rechnungsstellung und der Buchhaltung im Allgemeinen gibt es mittlerweile verschiedene Software-Anbieter, die diese Aufgaben deutlich erleichtern. Diese Fragen die notwendigen Informationen ab und weisen diese in der Rechnung aus. Dadurch können Fehler vermieden werden und die Organisation fällt wesentlich leichter.

Krankenversicherung

Als Selbstständiger müssen Versicherungen und die Altersvorsorge selber abgeschlossen werden. Dies zeigt wiedermal auf, dass mehr Eigenverantwortung gefordert wird

SUBB98

und diese nicht auf den Arbeitgeber übertragen werden kann.

Mittlerweile besteht seit mehr als 10 Jahren die Pflicht zum Abschluss einer Krankenversicherung in Deutschland. Damit soll verhindert werden, dass Menschen aufgrund einer Krankheit in eine Kostenfalle geraten, wo die Behandlungskosten nicht mehr getragen werden können. Daher besteht grundsätzlich die Pflicht zum Abschluss einer Krankenversicherung. Als Arbeitnehmer geschieht dies über den Arbeitgeber. Dieser führt die jeweiligen Beiträge der Krankenversicherung ab. Als Student ist die Krankenversicherung entweder über die studentische Versicherung abgedeckt oder die Mitgliedschaft in der Familienversicherung wird genutzt.

Wird das Gewerbe nur im Nebenberuf ausgeführt, erleichtert dies das Thema der Krankenversicherung. Hier gilt, dass weiterhin die Krankenversicherung über den Arbeitgeber gültig ist. Es muss also keine neue Krankenversicherung abgeschlossen werden. Entwickelt sich das Nebengewerbe wirtschaftlich so gut, dass dieses zukünftig zum Haupterwerb ausreicht, müssen die Kosten selber getragen werden. Zunächst muss allerdings selbst die Nebentätigkeit der Krankenkasse

SUBB99

angezeigt werden. Diese wird einen Fragebogen bereitstellen, in denen wichtige Informationen abgefragt werden. Dazu gehört der Familienstand, der wöchentliche Arbeitsaufwand und ob Arbeitnehmer im selbst gegründeten Unternehmen vorhanden sind. Anhand dieser Angaben erfolgt eine eigenständige Prüfung durch die Krankenversicherung.

Die Höhe der Abgabe richtet sich nach dem Einkommen. Im Moment liegt der Krankenkassenbeitrag bei 14,6 Prozent und einem zusätzlichen Beitrag, welcher bei maximal 0,9 Prozent in Abhängigkeit von der jeweiligen Krankenkasse liegt. Bei der Gründung im Nebengewerbe muss zwar keine neue Krankenversicherung abgeschlossen werden, die Berechnungsgrundlage für die Höhe der Abgabe verändert sich allerdings. Es ist nunmehr nicht nur der Hauptberuf als Einkommensquelle vorhanden, sondern auch das Nebengewerbe. Dazu wird das Einkommen für die nächsten 12 Monate im Nebenerwerb geschätzt. Liegt das Einkommen in der Selbstständigkeit höher, als im Haupterwerb, werden die Beiträge nicht mehr über den Arbeitgeber, bzw. dem eigentlichen Beruf abgeführt.

SUBB100

Die Gründung im Nebenerwerb ist nicht nur für Arbeitnehmer möglich. Auch Studenten können eine Geschäftsidee verfolgen und neben dem Studium Ihr eigenes Unternehmen aufbauen. Normalerweise kostet die studentische Krankenversicherung etwa 80 Euro im Monat. Bis zum Alter von 25 Jahren besteht zudem die Möglichkeit die Familienversicherung zu nutzen. Wird die Selbstständigkeit als Haupterwerb eingestuft, kann die studentische Versicherung mit den günstigen Beiträgen nicht mehr genutzt werden. Hier besteht das Risiko, dass die vollen Abgaben in Höhe von 200 bis 300 Euro an die Krankenversicherung abgeführt werden müssen. Für Studenten kann dies eine erhebliche Belastung bedeuten. Allerdings wird heutzutage das Studium bereits als Haupttätigkeit anerkannt und mit einer 40-Stunden-Woche gleichgesetzt. Die Gefahr, dass durch die selbstständige Tätigkeit die studentische Krankenversicherung nicht mehr genutzt werden darf, ist also relativ niedrig. Bei der Mitgliedschaft in der Familienversicherung werden keine Beiträge für die Krankenversicherung fällig. Allerdings besteht dort die Einschränkung, dass nur bis zu maximal 415 Euro pro Monat hinzuverdient werden dürfen. Ist ein höheres Einkommen vorhanden, besteht automatisch die Pflicht, dass

SUBB101

die studentische Versicherung genutzt werden muss.

Für Schüler ist die Perspektive hinsichtlich der Krankenversicherung noch etwas spezieller. Hier besteht nicht die Möglichkeit, einen gesonderten Tarif abzuschließen, der nur für Schüler gilt. Schüler sind in der Regel über die Familienversicherung erfasst. Damit besteht die bereits erwähnte Einschränkung des maximalen Zuverdienstes von 415 Euro. Verdienen Schüler mit der unternehmerischen Tätigkeit mehr als die beschriebenen 415 Euro, müssen Sie sich komplett eigenständig versichern und den Regelsatz abführen. Als Schüler besteht daher besonders schnell die Gefahr, dass das Einkommen zu einem Großteil für die Krankenversicherung aufgewendet werden muss. Es ist daher unter Umständen ratsam, bestimmte Einnahmen aufzuschieben, bis die Tätigkeit als Student aufgenommen wurde.

Die notwendigen Versicherungen finden

Die Krankenversicherung ist in Deutschland für jede Person verpflichtend. Es ist einleuchtend, dass die Gesundheit nicht unter einem finanziellen Engpass leiden sollte. Daher

SUBB102

gilt die Versicherungspflicht für die Krankenversicherung. Doch welche Versicherungen werden sonst noch benötigt? Gerade im Hinblick auf die Selbstständigkeit gibt es zwischen den einzelnen Branchen Unterschiede, die beachtet werden müssen.

Auf dem Versicherungsmarkt ist das Angebot groß und häufig nur schwer zu durchschauen. Eine Möglichkeit die geeigneten Versicherungen zu finden besteht in der Inanspruchnahme eines Versicherungsvertreters. Versicherungsvertreter haben in der Öffentlichkeit nicht immer den besten Ruf und es herrscht ein großes Misstrauen. Bieten die Vertreter doch lediglich die Versicherungen, der eigenen Gesellschaft an. Daher sollte das Angebot sehr kritisch geprüft werden. Der Vertreter arbeitet nicht unbedingt im besten Interesse des Selbstständigen, sondern möchte selber Produkte verkaufen, an denen er gut verdient.

Anders gestaltet sich die Arbeitsweise eines Versicherungsmaklers. Dieser tritt nicht als Vertreter einer bestimmten Gesellschaft auf, sondern agiert unabhängig auf dem freien Markt. Seine Aufgabe ist es, die notwendigen

Versicherungen zu günstigen Konditionen zu erhalten und an den Selbstständigen zu verkaufen. Die Unabhängigkeit des Versicherungsmaklers zeigt sich darin, dass dieser nicht am Verkauf einer bestimmten Police verdient. Er erhält keine Abschlusspauschale von der Versicherungsgesellschaft und ist daher im Verkaufsgespräch unabhängig. Im Rahmen der Selbstständigkeit ist es am günstigsten, wenn ein Makler gewählt wird, der speziell für die gewerbliche Tätigkeit geschult ist. Dieser kann sehr genau nachprüfen, welche Versicherungen für die Selbstständigkeit sinnvoll sind und welche Risiken damit abgedeckt werden. Hierbei muss sehr genau gearbeitet werden. Ob im Schadensfall die Versicherung einspringt, hängt von der Gültigkeit der abgeschlossenen Police ab. Wurde der Betrieb oder die Tätigkeit zu ungenau beschrieben, kann es passieren, dass die Versicherung ihre Leistung versagt. Der Versicherungsmakler ist dafür zuständig, dass die Bedingungen erfüllt werden, damit die Leistung auch wirklich in Anspruch genommen werden kann.

Als Selbstständiger ist eine hohe Eigenverantwortung gefordert. Nicht immer wird einem Versicherungsberater das nötige Vertrauen geschenkt und in Einzelfällen sind Zweifel

SUBB104

berechtigt. Um das Angebot etwas genauer zu durchleuchten und sich selber einen Überblick zu verschaffen, können Vergleichsportale genutzt werden. Diese bieten in der Regel eine einfache Schritt-für-Schritt Anmeldung in der die eigene Tätigkeit und die Risiken beschrieben werden. Danach werden vom Vergleichsportal die Angebote gefiltert, die im konkreten Fall als sinnvoll erscheinen. Die Nutzung solch eines Portals ist immer zu empfehlen. Mit diesem Service kann auch überprüft werden, ob das Angebot des Versicherungsmaklers überzeugend ist oder ob nicht noch günstigere Versicherungen in Frage kommen.

Banken können ebenfalls als Versicherungsvertreter auftreten und die eigenen Produkte anbieten. Hierbei muss aber ebenfalls beachtet werden, dass diese nicht unabhängig handeln. Wenn aber bereits eine Geschäftsbeziehung, zum Beispiel in Form eines Geschäftskontos besteht, kann davon ausgegangen werden, dass Banken auf eine langfristige Partnerschaft mehr Wert legen. Sie möchten sicherlich nicht die Kunden verärgern, indem eine eher ungünstige Versicherung angeboten wird.

SUBB105

Die beste Methode um die benötigten Versicherungen abzuschließen besteht in der Aufnahme aller Risiken, die mit der Selbstständigkeit verbunden sind. Wurden diese erfasst und für sich selber entschieden, welche Risiken abgesichert werden, kann der Versicherungsmakler als Berater genutzt werden. Für einen besseren Vergleich kann die Beratung zweier Makler genutzt werden, um mehrere Angebote zu erhalten. Darüber hinaus bietet ein Vergleichsportal ebenfalls die Möglichkeit, die Konditionen der Versicherungen zu vergleichen. Keinesfalls sollten jegliche Versicherungen abgeschlossen werden, nur weil diese den Eindruck erwecken, für mehr Sicherheit zu sorgen. Auf der anderen Seite sollten geschäftsbedrohende Risiken immer abgesichert werden.

Die Absicherungen im Überblick

Es gibt eine Reihe von unterschiedlicher Versicherungsarten. Hier wird eine Übersicht über die notwendigen Absicherungen geboten, die im Zuge der Selbstständigkeit abgeschlossen werden sollten.

Im Privatbereich ist die Haftpflichtversicherung

SUBB106

unerlässlich. Sie kommt immer dann zum Einsatz, wenn ein Schaden verursacht wurde. So können hohe Schäden abgesichert werden. Für den Betrieb gibt es ebenfalls die Möglichkeit, entstandene Schäden abzusichern. Diese werden in der Betriebshaftpflicht zusammengefasst. Kommen Konsumenten zu Schaden, greift diese Versicherung und schützt vor den entstehenden Ansprüchen. Gerade wenn ein Ladenlokal vorhanden ist, sollte auf diese Versicherung ein großer Wert gelegt werden. Hier kann es schnell passieren, dass durch die eigene Unachtsamkeit ein Konsument im Laden zu Schaden kommt.

Bestimmte Berufe sind allein schon von der ausführenden Tätigkeit her mit einem hohen Risiko verbunden. Ärzte haben eine hohe Verantwortung und werden Fehler begangen, sind die Folgekosten immens. Dies kann schon bei Besteck anfangen, welches während einer Operation im Patienten vergessen wird. Durch steigende Belastungen und längeren Arbeitszeiten nimmt dieses Risiko tendenziell eher zu. Da die Folgekosten selbst für einen Arzt kaum zu stemmen wären, ist es sinnvoll eine Versicherung abzuschließen, die vor diesen Folgegefahren schützt. Auch Notare oder Rechtsanwälte

SUBB107

besitzen eine hohe Verantwortung gegenüber Ihren Kunden. Fahrlässige Fehler können schnell geschehen und sollten mit der passenden Versicherung abgedeckt werden.

Wenn ein Ladenlokal oder eine Bürofläche angemietet wird, sollte diese ebenfalls mit einer Versicherung geschützt werden. Hierzu gibt es ähnliche Angebote, wie bei einer Hausratversicherung. Treten Schäden zum Beispiel durch Feuer, Leitungswasser, Blitzschlag oder Diebstahl ein, können diese mithilfe der Versicherung gedeckt werden. Je nach Branche und genauem Ort können weitere Schadensfälle einbezogen werden.

Die rechtlichen Anforderungen beim Schritt in die Selbstständigkeit sind hoch. Schnell kann es passieren, dass eine Abmahnung ins Haus flattert und ein Konkurrent versucht, den eigenen Markt durch rechtliche Maßnahmen zu schützen. Dies kann zum Beispiel sein, weil Markenrechte verletzt wurden oder weil Angaben auf der Webseite nicht ordnungsgemäß aufgeführt wurden. Der Gang zum Rechtsanwalt ist selbst für die Bearbeitung einer Abmahnung mit hohen Kosten verbunden und selten lohnt sich der Aufwand.

SUBB108

Selber gegen solche Schreiben vorzugehen bedeutet, dass die Gefahr besteht, dass die Kosten nicht abgewendet werden. Eine Rechtsschutzversicherung bietet einen größeren Schutz für das eigene Unternehmen. Hierbei muss zwischen der aktiven und der passiven Versicherung unterschieden werden. Die passive Rechtsschutzversicherung greift immer dann, wenn eine Gegenseite eine Forderung gegen das Gewerbe stellt. Grund hierfür kann sein, dass angeblich der Gegenseite ein Schaden entstanden sei, welcher nun b e g l i c h e n w e r d e n s o l l. D i e p a s s i v e Rechtsschutzversicherung bietet in diesen Fällen ihre Unterstützung an. Die Anwalts- und Gerichtskosten werden übernommen. Es kann aber auch der Fall auftreten, dass selber eine Schadensforderung gegenüber einem anderen Unternehmen besteht. Wurde eine Lieferung nicht wie gefordert bereitgestellt, führt manchmal kein Weg daran vorbei, diesen Streitwert einzuklagen. Rechtsschutz-versicherungen stellen an diese Forderungen allerdings hohe Hürden. Der Streitwert muss eine bestimmte Grenze über-schreiten. Dies ist bei vielen Versicherungen ab einem Betrag von 5.000 Euro angegeben.

Als Selbstständiger besteht nicht die Pflicht, in das

SUBB109

gesetzliche Rentensystem einzubezahlen. Die Altersvorsorge muss selber übernommen werden. Hierfür steht vollkommen frei, auf welche Weise diese Vorsorge durchgeführt wird. Manche bevorzugen den Kauf von Aktienfonds, während andere lieber in Immobilien investieren. Vom Staat gibt es zudem verschiedene geförderte Rentenangebote, von denen Selbstständige Gebrauch machen können. Es muss also nicht immer komplett privat vorgesorgt werden, sondern es besteht die Möglichkeit einer staatlichen Unterstützung.

Vorsicht ist jedoch geboten, wenn eine Scheinselbstständigkeit vorliegt. Ist diese vorhanden, existiert automatisch auch die Rentenversicherungspflicht. Die Scheinselbstständigkeit liegt vor, wenn über einen längeren Zeitraum nur ein Auftraggeber vorhanden ist, mehr als 5/6 der Einnahmen von einem Auftraggeber kommen, man weisungsgebunden handelt, die Zeit nicht frei eingeteilt werden kann und der Arbeitsort beim Auftraggeber liegt. Dies sind alles Indizien, die für eine Scheinselbstständigkeit sprechen. Im Einzelfall muss jedoch das Arbeitsgericht die Entscheidung treffen, ob die Scheinselbstständigkeit vorliegt. Gerade zu Beginn kann es vorkommen, dass ein Großteil des Einkommens nur von

SUBB110

einem <u>Auftraggeber</u> abhängig ist. Mit der Zeit sollten aber weitere Kunden hinzugewonnen werden, sodass hier erst gar nicht die Gefahr der Scheinselbstständigkeit auftritt.

Bevor die geschäftliche Tätigkeit aufgenommen wird, sollte sich eingehend mit den Steuern und den notwendigen Versicherungen beschäftigt werden. Diese Tätigkeit gehört wahrscheinlich nicht zu den Lieblingsaufgaben vieler Selbstständiger, sie ist aber ein notwendiges Übel, um mögliche Risiken abzusichern. Daher sollte auch zu Beginn nicht an diesen Maßnahmen gespart werden, sondern sorgsam der Schritt in die Selbstständigkeit stattfinden. Auf diese Weise bleibt einiger Ärger in der Zukunft erspart.

SUBB111

KAPITEL

Markenanmeldung und das Schützen
der eigenen Idee.

Muss eine Marke eingetragen werden?

GRÜNDER STEHEN BEI DER Umsetzung Ihrer Idee vor einem Zwiespalt. Einerseits muss eine umfassende Beratung erfolgen und es wird eine Unterstützung von außen benötigt. Andererseits soll natürlich die Geschäftsidee nicht auf dem Silbertablett präsentiert werden, da ansonsten die Gefahr bestünde, dass diese einfach kopiert wird. Um diesen Risiken des Kopierens der eigenen Geschäftsidee aus dem Weg zu gehen, besteht die Möglichkeit die Idee auf dem Rechtsweg zu schützen. So kann die eigene Leistung vor dem Missbrauch Dritter bewahrt werden und es ist gesichert, dass niemand anderes die Lorbeeren für die Idee erhält.

Eine Option das Geschäftsmodell und die Idee zu schützen besteht in der Eintragung einer Marke. In der Wirtschaftswelt sind Marken weit verbreitet und bekannt. Zu Beginn der unternehmerischen Tätigkeit wird wahrscheinlich

SUBB113

noch keine wertvolle Marke vorhanden sein. Das Unternehmen setzt vielleicht auf ein relativ einfaches L o g o u n d b e s i t z t n o ch ke i n e n h o h e n Wiedererkennungswert. Dies ändert sich, sobald mehrere Filialen eröffnet wurden und das Unternehmen sehr viel präsenter ist. Gerade in der Außendarstellung gegenüber den Kunden besitzt die Marke einen hohen Wert. Die Marke kann stellvertretend für das Image des Unternehmens stehen und damit eine bestimmte Zielgruppe ansprechen. Dieser Aufbau des Images ist mit einigem Aufwand verbunden, welcher sicherlich nicht kampflos der Konkurrenz überlassen werden möchte.

Wächst das Unternehmen kontinuierlich und besteht ein komplexes Corporate Design, ist es sinnvoll, dieses zu schützen. Damit wird sichergestellt, dass das Logo nicht ohne Zustimmung von einem Mitbewerber verwendet werden darf. Es wird dem Missbrauch vorgebeugt und eine bessere Kontrolle kann darüber ausgeübt werden, auf welche Weise das Logo genutzt wird. Schließlich ist das Logo ein großes Aushängeschild des Unternehmens und auf den meisten Produkten vorzufinden. Das Ziel des Schutzes des Markenrechtes ist es nun, dem Kunden eine gewisse Sicherheit zu bieten. Der

Kunde verbindet mit der Marke einen gewissen Wert und wenn ein Konkurrent einfach das Logo unerlaubterweise nutzt, kann die Qualität nicht mehr sichergestellt werden. Dadurch ist der Kunde unzufrieden und der Marke wird ein Schaden zugefügt. Ein Merkmal der Marke ist, dass sie einwandfrei wiedererkennbar ist. Am Logo ist dies am einfachsten zu erkennen, denn dieses ist für das Unternehmen einzigartig. Zu der Marke können aber auch andere Merkmale gehören. Es können eine besondere Schriftart und Kombination der Farben sein. Allein durch die Schriftart kann schon die Assoziation mit dem Unternehmen erfolgen. Solche individuellen Wiedererkennungsmerkmale sollten geschützt werden. Damit wird also nicht nur das Logo, sondern wenn möglich das gesamte Corporate Design und somit die Marke, in der Außendarstellung geschützt.

Welche Merkmale sich eintragen lassen, ist in § 1 des Markengesetzes beschrieben. Es können unter anderem Wörter, Namen, Abbildungen, Hörzeichen oder dreidimensionale Gestaltungen sein. Dazu gehört zum Beispiel auch die Gestaltung der Verpackung, wenn diese sich deutlich von der Konkurrenz abhebt und als einzigartig wahrnehmbar ist.

SUBB115

Auch bestimmte Farbkombinationen oder deren Anwendung kann unter den Schutzbereich des Markenrechts fallen. Für das eigene Unternehmen ist vor allem der Fokus auf dem Schutz des Logos und weiterer Abbildung wichtig. Hierbei muss entschieden werden, in welchem Umfang die Marke geschützt wird. Der Schutzbereich kann sich national, europaweit oder weltweit ausdehnen. Dies ist davon abhängig, auf welchen Märkten das Unternehmen tätig sein wird. Für eine kleine lokale Marke, ist es ausreichend, wenn diese national registriert wird. Sind größere Ambitionen vorhanden und die Expansion innerhalb Deutschlands ist im Gange und möglicherweise wird ein europaweiter Ausbau angestrebt, sollte die Eintragung auch entsprechend weitreichend erfolgen. Andernfalls bestünde die Gefahr, dass das eigene Geschäftsmodell und das Unternehmen im Ausland bereits von der Konkurrenz übernommen werden.

Einen Sonderfall stellt die Tätigkeit im Internet dar. Hierbei ist es selten ausreichend, wenn die Marke nur national geschützt wird. Da in diesem Bereich die Gefahr einer Kopie sehr viel realistischer ist, sollte die Marke also von Anfang an möglichst weitreichend geschützt werden.

SUBB116

116

Nachdem entschieden wurde, welche Märkte geschützt werden sollen, müssen die konkreten Schritte zur Beantragung des Markenschutzes unternommen werden. Allerdings muss hierbei beachtet werden, dass jegliche Änderungen am Logo dazu führen, dass die Neuerungen nicht mehr geschützt sind. Bevor das Logo also eingetragen wird, sollte dieses schon endgültig feststehen und keinen Änderungen mehr unterworfen sein. Gerade in der Anfangsphase besteht aber öfters der Wunsch nach Veränderungen und das Geschäftsmodell kann im Detail noch angepasst werden. Daher ist es sinnvoll mit der Eintragung zu warten, bis das Geschäftsmodell gefestigt ist.

Es kann aber auch der Kompromiss gewählt werden, dass zunächst nur die Wortmarke eingetragen wird. Die Wortmarke, welche das Unternehmen beschreibt, ist weniger flexibel und eher langfristig ausgelegt. Änderungen im Detail sind hier kaum vorhanden und wurde der Name gefunden, ist es hilfreich, diesen so schnell wie möglich einzutragen.

Danach muss geprüft werden, ob die Wortmarke bereits eingetragen wurde. Ist dies der Fall, sollte eine andere Bezeichnung für das Unternehmen gewählt werden. Andernfalls

SUBB117

bestünde die Gefahr, dass die Schutzrechte eines Dritten verletzt werden und ein Rechtsstreit beginnen könnte. Die Überprüfung kann im Deutschen Patent- und Markenamt durchgeführt werden. Die Recherche ist auch online möglich. Hierbei muss allerdings erwähnt werden, dass es ebenfalls einige Stolperfallen gibt. Das Paten- und Markenamt bietet lediglich das Register an, in welchem die bereits geschützten Marken eingetragen wurden. Es bietet keine eigene Beratung und das Amt prüft nicht nach, ob die eigene Marke eingetragen werden darf. Dies kann dazu führen, dass die eigene Marke zwar eingetragen wird, sich im Nachhinein aber herausstellt, dass die Rechte einer anderen Marke verletzt werden. Dies obliegt der Verantwortung des Selbstständigen und dieser muss die Prüfung mit großer Sorgfalt durchführen. Es ist also nicht nur zu prüfen, ob die eigene Wortmarke schon eingetragen wurde, sondern auch, ob eine hohe Verwechslungsgefahr mit einer bereits bestehenden Marke besteht. Es ist sicherlich nachvollziehbar, dass nicht einfach eine neue Wortmarke mit dem Namen „Adibas" eingetragen werden darf. Diese weist eine hohe Ähnlichkeit mit einem bestehenden Sportartikelhersteller auf und könnte für den Konsumenten für Verwirrung sorgen. Damit leiden sowohl der Konsument, als auch die ursprüngliche Marke unter dieser Verwechslungsgefahr.

Bevor die eigene Marke registriert wird, ist also eine sehr umfangreiche Recherche notwendig, die nicht nur die exakte Wortmarke betrifft, sondern auch alle ähnlichen bereits eingetragenen Marken. Generell gilt, dass die ältere Marke den Vorrang erhält und als schützenswert gilt. Wer also die Marke zuerst einträgt, erhältlich automatisch das Markenrecht zugesprochen. Es ist also Vorsicht geboten, wenn die Geschäftsidee so erfolgreich ist, dass diese national sowie international höchst erfolgreich ist. Eine vermeintlich „kleinere" Marke könnte dafür sorgen, dass ein langer Rechtsstreit folgt, an dessen Ende der Name der eigenen Wortmarke geändert werden muss. Es kommt also nicht darauf an, wer wirtschaftlich bedeutender ist, sondern wer die Marke als erstes eingetragen hat.

Werden die rechtlichen Hürden beachtet, kann die Markenanmeldung erfolgen. In der Regel ist dies sehr einfach möglich, wenn es sich um Fantasienamen handelt, die im alltäglichen Gebrauch nicht vorkommen. Schwieriger wird es

SUBB119

hingegen, wenn es sich um einen Alltagsbegriff handelt. Am Beispiel des Elektronikherstellers „Apple" zeigt sich, dass es durchaus zu Problemen geben kann. Apple hatte allerdings den Vorteil, dass in Ihrem Geschäftsbereich Äpfel keinerlei Bedeutung hatten und daher durfte der Name registriert werden. Hätte es sich um einen Lebensmittelhändler gehandelt, hätte der Name nicht geschützt werden können.

Wurde die Anmeldung durchgeführt, besteht eine dreimonatige Widerspruchsfrist. Ist diese abgelaufen, wurde die Marke dem Register erfolgreich hinzugefügt. Sie ist nun geschützt und darf von keinem Dritten mehr ohne Zustimmung genutzt werden. Zudem kann das Schutzzeichen „®" an die registrierte Marke angehangen werden. Damit wird direkt signalisiert, dass der Name oder das Logo geschützt sind und nicht von Dritten genutzt werden darf.

SUBB120

Welchen Vorteil bietet die Patentanmeldung

Die Eintragung der eigenen Marke ist ein Vorgang, der wahrscheinlich für die meisten Unternehmer in Frage kommt. Schließlich ist die Marke mittlerweile ein wichtiger Bestandteil des Geschäftsmodells. Für die Erstellung einer Marke ist in der Regel nur ein Design oder etwas kreative Arbeit in diese Richtung notwendig.

Das Geschäftsmodell kann aber auch auf einer ganz besonderen Erfindung basieren. Es kann ein Produkt sein, dass vollkommen neuwertig ist und eine große Verbesserung für die Kunden darstellen kann. In diesem Fall wäre es sehr schade, wenn die Idee von einem Konkurrenten übernommen werden würde. Um die Erfindung zu schützen ist eine Patentanmeldung eine zwingende Voraussetzung. Durch die Anmeldung wird angezeigt, auf welche Person die Erfindung zurückgeht und wie diese verwendet werden darf. So wird verhindert, dass andere Unternehmen oder Personen von der Erfindung profitieren, obwohl diese mit der eigentlichen Arbeit kaum in Verbindung stehen.

SUBB121

Als Patent kommen nicht nur Produkte in Frage. Es gibt eine Reihe von Ideen, die entweder für Konsumenten oder Unternehmen von großem Nutzen sein können. So können auch Prozesse mit einem Patent geschützt werden. In der Öffentlichkeit werden Patente vor allem durch die Streitigkeiten zwischen Samsung und Apple wahrgenommen. Die abgerundeten Ecken eines Smartphones wurden zum Beispiel per Patent geschützt. Weiterhin werden auch gerne bestimmte Softwarefunktionen per Patent geschützt. Dies kann zum Beispiel der Ladebalken sein. Durch den Schutz des Patents wird verhindert, dass ein anderes Unternehmen diese Funktion oder das Design übernehmen darf. In den meisten solcher detaillierteren Fälle muss jedoch ein Gericht entscheiden, ob tatsächlich ein Patent verletzt wurde.

Zu Beginn sollte ein Patent nur angemeldet werden, wenn es sich tatsächlich um die Grundlage des Geschäftsmodells handelt. Wohl kaum ein Gründer kann es sich leisten, die Energie in die Patentierung solch kleiner Details, wie am Beispiel des Smartphones, zu investieren. Damit ein Patent angemeldet werden kann, müssen verschiedene Voraussetzungen erfüllt sein. Diese sind im § 1 des deutschen

Patentgesetzes erläutert. Demnach muss eine Idee neu, erfinderisch und gewerblich nutzbar sein. Sind diese drei Voraussetzungen erfüllt, kann eine Patentanmeldung durchgeführt werden.

Schwierig zu beurteilen ist, ob eine Idee als neu bewertet wird. Es kann sich hierbei auch um eine deutliche Abwandlung bestehender Prozesse oder Produkte handeln, die auf diese Weise nicht bekannt sind und als neuwertig gelten. Wichtig ist jedoch, dass die Idee niemals preisgegeben werden sollte. Ansonsten bestünde die Gefahr, dass die Patentanmeldung durch die fremde Person vorgenommen werden wird. Im ersten Schritt ist der Gang zum Patentanwalt zwingend. Dieser ist der richtige Ansprechpartner, wenn eine Idee patentiert werden soll. Durch dessen Hilfe kann auch eher eingeschätzt werden, ob die drei Voraussetzungen erfüllt sind. Weiterer Interpretationsspielraum liegt nämlich in der Begrifflichkeit des „erfinderisch". Ein Schutz per Patent ist nur möglich, wenn es sich um einen erfinderischen Vorgang handelt. Von dieser Definition ausgeschlossen werden naheliegende Weiterentwicklungen. Es ist also nicht möglich, ein bestehendes Produkt in geringem Ausmaß zu verändern

SUBB123

und zu behaupten, es handele sich dabei um eine völlig neue Erfindung. Andererseits ist es möglich, bestehende Ideen oder Produkte so zu verändern, dass diese als erfinderisch eingestuft werden. Dies ist dann der Fall, wenn die Lösung nicht naheliegend ist und das Ergebnis stark von dem Ursprung abweicht. Deutlich einfacher gestaltet sich die Anforderung der gewerblichen Nutzung. Im Prinzip kann jede Idee oder Produkt gewerblich genutzt werden. Eine Idee kann als Dienstleistung oder in Form eines Produktes zum Kauf angeboten werden. Eine Patentanmeldung scheitert selten an dem Kriterium der gewerblichen Nutzung.

Dennoch kann es einige Zeit dauern, bis das Patentamt die Prüfung abgeschlossen hat. Die Entscheidung für oder gegen das Patent kann bis zu drei Jahre in Anspruch nehmen. Während dieser Zeit ist die Erfindung noch nicht geschützt.

Wurde die Erfindung oder Weiterentwicklung während der Freizeit verwirklicht, ergeben sich keine Einschränkungen. Häufig wird eine Idee jedoch während der Arbeitnehmertätigkeit geboren. Gerade in technischen Berufen kann es vorkommen, dass ein Arbeitnehmer eine Idee zur Gestaltung

SUBB124

124

eines neuen Produktes hat. Hierbei besteht die Einschränkung, dass die Leistung des Arbeitnehmers eigentlich dem
Arbeitgeber überlassen werden muss. Dem gegenüber steht
das Recht auf geistiges Eigentum. Um diesen Konflikt zu
lösen wurde das Arbeitnehmerfindungsgesetz eingeführt. In
diesem wird klar definiert, dass die Erfindung dem Arbeitgeber zuzuordnen ist. Immerhin steht dem Arbeitnehmer
aber eine angemessene Vergütung zur Verfügung.

In der Praxis bedeutet dies, dass es sinnvoller ist, die
Erfindung nicht während der Arbeitszeit umzusetzen. Auch
wenn der Arbeitgeber die technischen Möglichkeiten bietet,
sollten diese nicht genutzt werden. Die Arbeit an der Idee
sollte außerhalb der Arbeitszeit stattfinden und sich klar
von der Arbeitnehmertätigkeit abgrenzen. Andernfalls pro-
fitiert im Wesentlichen der Arbeitgeber von der Idee und
dem eigentlichen Erfinder steht nur eine geringe Abfindung
zur Verfügung.

Die Anmeldung eines Patentes ist mit einigem Aufwand verbunden. Wie bereits beschrieben wurde, kann
die Prüfung durch das Patentamt bis zu drei Jahre dauern.

SUBB125

Dementsprechend müssen die Kosten von dem Antragsteller kalkuliert werden. Handelt es sich um eine relativ einfache Anmeldung und der Schutzbereich soll nur innerhalb Deutschlands gelten, ist mit Kosten bis zu 390 Euro zu rechnen. Der Schutz für ganz Europa kostet etwa 4.500 Euro und international kann dieser Betrag bis auf 5.000 Euro anwachsen. Allerdings hängt dies von der Komplexität des Patents ab. Wird ein Anwalt hinzugezogen und ist der Sachverhalt deutlich schwieriger, können die Kosten für das internationale Patent bis zu 100.000 Euro betragen. Dies sollte bei der Gründung des Unternehmens bedacht werden. Obwohl die Kosten relativ hoch sind, ist es hilfreich, direkt von Anfang an einen Anwalt in diesen Prozess einzubeziehen. Dieser kann zügig eine Einschätzung liefern, ob die Idee mit dem Patentrecht geschützt werden kann. Erweist sich die Idee als nur schwer patentierbar, wird ein großer Aufwand umgangen.

Eine Abwandlung, die vor allem für Gründer mit geringem Budget sehr attraktiv ist, ist das „kleine Patent". Der Schutz ist ähnlich umfassend wie beim regulären Patent. Allerdings ist die Dauer auf einen Zeitraum von drei Jahren begrenzt. Dafür wird das Kriterium der Neuheit nicht so

SUBB126

streng betrachtet, sodass der Prozess der Anmeldung schneller vollzogen werden kann. Die Wartezeit beträgt etwa ein Jahr. Nach dem Ablauf der drei Jahre kann der Schutz noch auf zehn Jahre verlängert werden.

Liegt der Selbstständigkeit eine besondere Idee zugrunde und es handelt sich um eine Erfindung, die möglicherweise zu einem großen Erfolg auf dem Markt wird, sollte diese geschützt werden. Zu beachten ist hierbei, dass die Idee nicht nach außen präsentiert wird. Sie wird lediglich dem Patentanwalt anvertraut und dieser kann beratend zur Seite stehen, welche weiteren Schritte sinnvoll sind.

Der Umgang mit dem Urheberrecht

Die rechtlichen Aspekte sind mit Betrachtung des Marken- und Patentrechtes noch nicht abgeschlossen. Ein weiteres wichtiges Feld ist das Urheberrecht. Mit dem Urheberrecht sollen vor allem die Künste der Literatur, Musik und Wissenschaft geschützt werden. Damit wird verhindert, dass Unternehmen diese Werke nutzen, ohne eine finanzielle Gegenleistung zu bieten. Anders als beim Marken- oder

SUBB127

Patentschutz besteht das Urheberrecht bereits mit der Anfertigung des Werkes. Es muss nicht gesondert bei einer Behörde angemeldet werden.

Allerdings ist nicht automatisch jedes Werk unter dem Urheberrecht geschützt. Es ist erforderlich, dass das Ergebnis überdurchschnittlich und nicht nur mit Fleiß, sondern mit außergewöhnlichem Können verbunden ist. Diese Einschätzung stellt sich in der Realität oftmals als schwierig heraus. Als unterste Grenze für das Urheberrecht werden zum Beispiel Kochrezepte oder Werbejingles angesehen. Übertrifft das Werk nicht die Anforderungen des Urheberrechts, darf es frei von jedermann genutzt werden.

Das Urheberrecht kann als Gründer eine wichtige Rolle spielen. Dies kann schon bei der Gestaltung des Logos anfangen. Je nach Art des Logos und der geistigen Schöpfungshöhe, kann dieses bereits unter das Urheberrecht fallen. Würde das Logo unter das Urheberrecht fallen, muss für die Verwendung die Erlaubnis des Erstellers eingeholt werden. Konkret müssen also die Nutzungsrechte vom Grafiker oder Designer eingefordert werden, damit das Logo für das eigene Unternehmen

SUBB128

verwendet werden darf. Fällt das Logo unter das Urheberrecht, ist eine Eintragung als Marke nicht notwendig. Es ist bereits automatisch nach der Anfertigung auch ohne explizite Eintragung geschützt.

Dennoch sind die Grenzen für das Urheberrecht bei der Gestaltung des Logos sehr schwammig. Ein Schutz durch das Markenrecht ist in jedem Fall empfehlenswert, um eine Rechtssicherheit zu erhalten. Das Urheberrecht bietet jedoch den Vorteil, dass der Schutz bis zu 70 Jahre nach dem Tod des Erschaffers gültig ist. Davon profitieren die Erben, die an den Nutzungsrechten mitverdienen können.

Problematisch kann das Urheberrecht werden, wenn später Angestellte im eigenen Unternehmen tätig sind. Sind diese etwa im Grafikdesign tätig, könnten den Arbeitnehmern das Urheberrecht zugesprochen werden. Daher sollte im Arbeitsvertrag geregelt werden, dass die Urheberrechte beim Unternehmen und nicht bei den Arbeitnehmern liegen. Andernfalls entsteht die Situation, dass ein Großteil der Werte gar nicht im Unternehmen liegen, sondern rechtlich zu den Arbeitnehmern gezählt werden.

SUBB129

So werden Abmahnungen vermieden

Die Konkurrenz ist der eigenen unternehmerischen Tätigkeit nicht immer wohlgesonnen. Bedeutet ein neuer Akteur am Markt doch, dass der eigene Kuchen immer kleiner wird und möglicherweise der Umsatz in Gefahr ist. Daher ist es mittlerweile in Mode gekommen, neue Unternehmen mit Abmahnungen zu überziehen und diese mit den Rechtsmitteln einzuschüchtern. Es hat sich geradezu eine Industrie an Anwälten gebildet, deren Hauptaufgabengebiet darin liegt, Abmahnungen zu versenden.

Im Zuge der Unternehmensgründung und der Erstellung einer Webseite gibt es einige Stolperfallen, die zu einer Abmahnung führen können. Eine Grundvoraussetzung für das rechtmäßige Betreiben einer Webseite ist das Impressum. Dieses gibt an, wer für die Webseite verantwortlich ist. Die entsprechende Pflicht zum Impressum wurde 2007 im Telemediengesetz eingeführt. Damit wurde deutlich gemacht, dass jede in Deutschland betriebene Webseite ein Impressum benötigt.

SUBB130

Ein gültiges Impressum zu erstellen ist aber gar nicht so schwierig. Im Wesentlichen gehören in das Impressum der Name und die Anschrift. Wird eine gewerbliche Tätigkeit mit der Webseite aufgenommen, ist die Angabe der Umsatzsteueridentifikationsnummer notwendig. Um diese Arbeit zu erleichtern, gibt es zahlreiche Generatoren im Internet, die unter Eingabe der Daten das rechtssichere Impressum erstellen. Die Pflicht zur Umsetzung des Impressums greift nicht nur bei der Webseite. Wird zum Beispiel auch ein YouTube-Kanal betrieben, muss dort ebenfalls ein Impressum ausgewiesen werden. Generell gilt dies für alle sozialen Netzwerke oder Kanäle, die mit dem Gewerbe in Verbindung stehen. Wird das Produkt über eBay angeboten, muss das Impressum vorhanden sein.

Ohne vorhandenes Impressum droht schnell die Abmahnung. Dabei sollte man nicht auf die „schlaue" Idee kommen, dass die Webseite ja komplett anonym betrieben würde. Ohne angegebene Anschrift könne ja schließlich keine Abmahnung versendet werden. Dies ist allerdings sehr kurz gedacht. Über den Host und den dahinterstehenden Anbieter der Webseite ist es nämlich relativ einfach den Verantwortlichen ausfindig

SUBB131

zu machen. Es ist also nicht möglich, komplett anonym die Webseite zu betreiben und darauf zu hoffen, dass ein Anwalt die Adresse ja gar nicht erhalten könnte.

Das Internet hat einige neue Geschäftsmodelle hervorgebracht. Dabei ist vor allem das Sammeln und Handeln von Daten zu einem der größten Märkte geworden. Dass Google und Facebook Daten über die Nutzer und deren Verhalten sammeln, sollte kein Geheimnis sein. Als Betreiber einer Webseite besteht die Pflicht eine Datenschutzerklärung zu veröffentlichen. In dieser Erklärung wird ausgeführt, wie die Daten der Nutzer verwendet werden und welche Schnittstellen einen Zugriff darauf haben. Handelt es sich um ein kleines Unternehmen mit angeschlossenem Online-Shop, sollten die Daten zum Beispiel niemals im Klartext vorliegen. Eine Verschlüsselung schützt davor, dass die Daten durch einen Angriff von außen missbraucht werden. Ebenfalls muss in der Datenschutzerklärung aufgeführt werden, welche Dienste genutzt werden. Wurde ein „Like-Button" von Facebook eingebunden, erhält Facebook automatisch Daten über das Nutzerverhalten der Webseite. Dies ist vielen Webseitenbetreibern gar nicht bewusst und eventuell sollten diese sich zweimal überlegen,

SUBB132

ob dieser Button tatsächlich einen so großen Mehrwert bietet. Die Datenschutzerklärung kann, ähnlich wie das Impressum, von einem Generator erstellt werden. Einer der zuverlässigsten Generatoren wird von eRecht24 bereitgestellt.

Werden auf der Webseite Produkte oder Dienstleistungen angeboten und es kommt ein Vertrag mit dem Kunden zustande, sollten die Allgemeinen Geschäftsbedingungen aufgeführt werden. Für rein informative Webseiten ohne Shop oder Vertragsinhalten sind die AGB nicht notwendig.

Die Allgemeinen Geschäftsbedingungen zeigen die Vertragsbedingungen auf. Damit muss nicht für jeden Kunden ein individueller Vertrag formuliert werden, sondern es dient der allgemeine Text als Grundlage. Die Pflicht zur Angabe der AGB ergibt sich aus § 305 des BGB. Bevor ein Vertrag geschlossen wird, muss der Kunde durch das Setzen eines Hakens versichern, dass er die AGB gelesen hat und in diesen einwilligt. Die meisten AGB sind von solch einem Umfang, dass es für die Kunden kaum zumutbar ist, wenn sie diese bei jeder Webseite komplett durchlesen. Der Gesetzgeber nimmt daher den Kunden in Schutz, wenn die AGB zu dessen

SUBB133

Nachteil formuliert werden. Damit ist es dem Anbieter nicht möglich, versteckte Klauseln in den AGB zu integrieren, die für den Kunden nicht vorhersehbar waren. Die Gestaltungsfreiheit ist also stark eingegrenzt und eher zum Schutz des Konsumenten ausgelegt.

Nach dem Fernabsatzgesetz besitzen Kunden die Freiheit, bestimmte Waren beim Online-Kauf innerhalb einer Frist von 14 Tagen kostenlos zurückzusenden. Damit die Frist beginnt, muss eine Widerrufsbelehrung stattgefunden haben. Erst nach Erhalt der Ware und der Belehrung läuft die Frist. Andernfalls hätte der Kunde das Recht, auch nach einem Monat noch die Ware zurückzusenden.

Die Formulierung der Widerrufsbelehrung ist leider nicht mehr einheitlich und hängt davon ab, welche Produkte oder Dienstleistungen angeboten werden. Um die passende Formulierung zu finden, sollte ein Generator genutzt werden. Auf Basis, der zur Verfügung gestellten Informationen, erstellt dieser die passende Widerrufsbelehrung. Die Belehrung muss der Kunde entweder per E-Mail oder in Schriftform mit der Lieferung der Ware erhalten. Es ist nicht ausreichend, wenn dieser Hinweis nur auf der Webseite vorhanden und zum Beispiel unter dem Impressum aufgeführt ist.

Diese rechtlichen Aspekte müssen bei der Gründung eines Unternehmens beachtet werden. Da die Sachverhalte sehr kompliziert sein können und eine Unachtsamkeit bei der Aufnahme der Tätigkeit später mit einem hohen Aufwand verbunden sein könnte, ist die Beratung durch einen Rechtsanwalt empfehlenswert. Andernfalls kann es vorkommen, dass die eigene Geschäftsidee von der Konkurrenz kopiert wird und ein beträchtlicher Schaden hingenommen werden muss.

SUBB135

KAPITEL 7

Übergang zur Selbstständigkeit - Wie man Job und Start-Up vereint.

Alleine in die Selbstständigkeit oder mit einem Partner?

 BISHER WURDEN VOR ALLEM die Vorüberlegungen getroffen, die beim Schritt in die Selbstständigkeit notwendig sind. Nachdem die grundlegenden Vorbereitungen abgeschlossen sind, geht es jetzt in die Gründungsphase. Hier stellen sich die Weichen für die nächsten Jahre und es zeigt sich, ob die Unternehmung von Erfolg gekrönt sein wird.

In den vorherigen Kapiteln wurden einige Herausforderungen aufgezeigt. Diese alleine zu bewältigen erfordert nicht nur einiges an Disziplin, sondern auch ein breites Fachwissen. Als Gründer muss man nicht nur in der Unternehmenswelt Zuhause sein, sondern sich auch in den rechtlichen und steuerlichen Fragen auskennen. Einen Anwalt oder Berater zu nutzen ist immer mit Kosten verbunden. Diese zusätzlichen

SUBB137

Ausgaben sind nicht für jeden Unternehmer in der Gründungsphase stemmbar.

Eine Möglichkeit die Last der Selbstständigkeit zu verteilen besteht in der Aufnahme eines Mitgründers. Eventuell ist im Freundeskreis die Geschäftsidee und das Vorhaben bereits durchgesickert und es wurde ein Interesse daran bekundet, an dem Unternehmen beteiligt zu sein. Wenn unterschiedliche Expertisen vorhanden sind, ist diese Idee eine Überlegung wert. So kann sich das Fachwissen wunderbar ergänzen und das Unternehmen steht auf einer stabileren Basis.

Das Einbeziehen eines Mitgründers ist allerdings auch mit Risiken verbunden. Die Zusammenarbeit bedeutet, dass Kompromisse eingegangen werden müssen und die eigene Vorstellung nicht wie gewünscht umgesetzt werden kann. Zudem sollte der Mitgründer nicht einfach nur im Unternehmen aktiv sein, weil er ein guter persönlicher Freund ist. Bei Geld hört bekanntlich die Freundschaft auf und eine Geschäftsbeziehung kann die persönliche Beziehung stark belasten. Es ist daher mit äußerster Vorsicht zu genießen, wenn ein Freund als Mitgründer in Betracht gezogen wird.

SUBB138

Ein häufiger Streitpunkt besteht in der Verteilung der Unternehmensanteile und der Arbeitszeit. Gerade wenn mit mehr als nur zwei Personen gegründet wird, kann dies zu einigem Gesprächsstoff führen. Wird eine Kapitalgesellschaft mit fünf Gesellschaftern gegründet, muss vorab eine Übereinkunft getroffen werden, wie hoch die Anteile und der Arbeitseinsatz sind. Dies kann schon zu Beginn dazu führen, dass manche Gesellschafter sich ungerecht behandelt fühlen. Denn es fühlt sich nicht immer gerecht an, wenn die Anteile gleichermaßen aufgeteilt werden. Gerade in der Gründungsphase wird der Arbeitsaufwand unter den Gesellschaftern unterschiedlich sein, sodass hier andere Ansprüche geltend gemacht werden könnten. Allerdings sollte bei der Aufteilung nicht nur die frühe Gründungsphase betrachtet werden. Wichtig ist auch, wie sich die langfristige Arbeitsverteilung ergeben wird.

Bestehen hierbei Unstimmigkeiten und Personen fühlen sich ungerecht behandelt, mündet diese Situation in endlosen Diskussionen. Dabei geht es nicht wirklich um das Unternehmen und dessen Zweck, sondern es werden andere, eher nebensächliche Themen behandelt. Das Unternehmen wird auf diese Weise kein Stück nach vorne gebracht, sondern

SUBB139

verharrt weiterhin in den Startlöchern.

Bevor ein Partner als Mitgründer einbezogen wird, sollte persönlich herausgefunden werden, ob die Charaktere und die Arbeitsweisen miteinander kompatibel sind. Es wurde bereits angedeutet, dass die Gründung mit einem persönlichen Freund nicht unbedingt die beste Idee ist. Umgekehrt ist es aber auch nicht förderlich, wenn ein Partner mit Fachwissen gefunden wird, welcher aber nicht in die Philosophie des Unternehmens passt. Möglicherweise entstehen hier ebenfalls Reibungsverluste zwischen den Gründern und es muss sehr genau darauf geachtet werden, mit welcher Person ein Unternehmen aufgebaut wird.

Eine weitere Gefahr besteht darin, dass zu viele Gründer direkt am Anfang mit ins Boot geholt werden. Gerade wenn das Unternehmen in verschiedenen Bereichen tätig ist, kann es sich verlockend anhören, Partner aus jedem Fachbereich dazuzugewinnen. Die Realität sieht aber so aus, dass die Kommunikation sehr viel langsamer ist und Entscheidungen einen längeren Weg durchlaufen. Damit wird genau das Gegenteil erreicht und die Gründung erweist sich als sehr zähe Prozedur.

SUBB140

Besser ist es, wenn maximal drei Personen an der Gründung beteiligt sind.

Es ist aber auch kein Problem, ein Unternehmen alleine zu starten. Dies kann einige Vorteile bieten und gerade im Nebenberuf ist es zu empfehlen. Als Gründer kann das eigene Tempo gegangen werden. Es ist nicht immer möglich, direkt im Bereich der Selbstständigkeit Vollgas zu geben. Die anderen Lebensbereiche dürfen nicht zu kurz kommen. Partner im Unternehmen hätten dafür vielleicht kein Verständnis und würden einen höheren Einsatz verlangen. Dies kann jedoch für die eigene Lebenszufriedenheit keine Lösung darstellen. Ebenfalls müssen keine Kompromisse eingegangen werden, wenn die Gründung alleine erfolgt. Die eigene Idee kann ganz alleine umgesetzt werden. Zudem besteht nicht das Risiko, dass ein Partner die Idee für seine eigenen Zwecke missbraucht. Die Gefahr, dass das geistige Eigentum von Dritten genutzt wird und wie damit umzugehen ist, wurde bereits im vorherigen Kapitel erläutert.

SUBB141

Gerade bei relativ simplen Geschäftsmodellen ist es also vollkommen legitim, keine Partner als Mitgründer in Betracht zu ziehen. Dies schmälert nicht die Erfolgschancen der Selbstständigkeit, sondern ermöglicht es, den eigenen Weg zu gestalten und zu verfolgen.

Welche Orte sich als Arbeitsplätze eignen

Die Selbstständigkeit nimmt so langsam seine Strukturen an. Das Geschäftsmodell wurde ausgearbeitet, die passende Rechtsform gefunden und es ist klar, mit wie vielen Personen der Schritt in das eigene Unternehmen gewagt werden soll. Jetzt stellt sich die Frage, wie und wo die Arbeit eigentlich verrichtet werden soll.

Viele Unternehmen sind nicht mehr auf einen festen Produktionsstandort angewiesen. Im digitalen Zeitalter benötigen Unternehmen nur noch einen Computer und den Zugang zum Internet, um ihre Dienste anbieten zu können. Welches ist also der geeignete Arbeitsplatz für den Schritt in die Selbstständigkeit?

SUBB142

Von Zuhause aus arbeiten klingt für viele Arbeitnehmer verlockend. Vorbei ist die Zeit, in der jeden Tag der Stau in der Innenstadt in Kauf genommen werden musste und anstatt der Arbeitskleidung kann die Arbeit auch in eher legerer Kleidung erledigt werden. Das Homeoffice klingt wie der perfekte Arbeitsort und die Arbeit kann ständig ausgeführt werden. Die Arbeit von Zuhause aus ist allerdings nicht für jede Person perfekt geeignet. Neben den Annehmlichkeiten gibt es auch einige Nachteile, die mit diesem Arbeitsplatz verbunden sind. Eine Gefahr besteht in dem hohen Potenzial der Ablenkungen. Gerade wenn eine Familie vorhanden ist und im Haus oder der Wohnung sich noch Kinder befinden, wird es schwer werden die notwendige Ruhe zu finden, um sich voll und ganz auf die Arbeit zu konzentrieren. Selbst wenn die Ruhe von der Familie eingefordert wird, ist für diese die Situation ebenfalls verlockend und könnte dazu führen, dass schnell noch ein paar Besorgungen erledigt und andere dringende Aufgaben auferlegt werden. Des Weiteren ist die Atmosphäre nicht unbedingt für jede Person förderlich. Der Aufbau des Unternehmens ist mit einiger Arbeit verbunden. Es geht nicht nur darum, die Zeit am Computer halbherzig mit dem Erledigen mancher Aufgaben zu verbringen.

SUBB143

Die Arbeitszeit Zuhause muss produktiv genutzt werden. Nicht jeder Selbstständige läuft in der gemütlichen Wohnatmosphäre zu Höchstleistungen auf. Die Vermischung des Wohn- und Arbeitsraumes stellt zusätzliche Gefahren dar. Es könnte schwerfallen, von der Arbeit abzuschalten und die Versuchung bestehen, praktisch rund um die Uhr an dem Unternehmen zu arbeiten. Für die Gesundheit und den Familienfrieden ist es aber wichtig, dass von der Arbeit abgeschaltet werden kann. Sind Wohn- und Arbeitsräume identisch, kann dies zu einem Dauerstress führen.

Beim Homeoffice müssen zudem weitere rechtliche Bedenken beachtet werden. Wird die Tätigkeit lediglich online ausgeführt, gibt es keine rechtlichen Hürden. Anders sieht es allerdings aus, wenn es sich um ein Gewerbe im „klassischen" Sinne handelt. Wenn also mit Kundenverkehr gerechnet wird oder wenn sogar Maschinen aufgestellt werden. Ein eigenes Nagelstudio im Haus muss in aller Regel mit der Gemeinde abgeklärt werden. Diese schreibt nämlich eine Trennung von Wohn- und Gewerbegebiete vor. Wird die Wohnung nur zu einem kleinen Teil gewerblich genutzt und es entstehen keine Beeinträchtigungen für die Nachbarn, sollte ein kleines

SUBB144

Nagelstudio kein Problem darstellen. Dennoch ist dies mit der Gemeinde abzuklären.

Ein oft diskutiertes Thema ist die Absetzbarkeit des Arbeitszimmers. Damit soll erreicht werden, dass ein Teil der Miete der Wohnung oder des Hauses, als Betriebskosten geltend gemacht werden können. Das Arbeitszimmer ist grundsätzlich von der Steuer absetzbar. Handelt es sich um einen abschließbaren Raum, der ausschließlich für die gewerbliche Tätigkeit genutzt wird, ist der Fall relativ eindeutig. Anders ist der Fall gelagert, wenn es sich um ein Durchgangszimmer handelt und dieses häufig frequentiert wird. Hier kann das Finanzamt verbieten, dass das Durchgangszimmer als Arbeitszimmer anerkannt wird.

Besteht kein fester Arbeitsplatz, können Kosten in Höhe von bis zu 1.250 Euro im Jahr für das Arbeitszimmer abgesetzt werden. Dies ist vor allem für Lehrer interessant, die ein eigenes Arbeitszimmer nutzen. Hierbei muss die Miete samt Nebenkosten ins Verhältnis zur Fläche gesetzt werden. Die Einrichtung des Arbeitszimmers kann ebenfalls steuerlich abgesetzt werden. Dies betrifft in der Regel den Computer,

SUBB145

welcher für die Arbeit zwingend genutzt wird. Die Höchstgrenze von 1.250 Euro kann überschritten werden, wenn das Arbeitszimmer den Arbeitsmittelpunkt darstellt. Dies ist zum Beispiel der Fall, wenn ein Programmierer nicht in einem Büro arbeitet, sondern fast ausschließlich Zuhause seiner Tätigkeit nachgeht. Dennoch sollten die Grundbedenken beim Homeoffice beachtet werden und nicht alle Räumlichkeiten sind für diese Tätigkeit geeignet.

Die Probleme, die ein Homeoffice mit sich bringt, sollten jetzt also offensichtlich sein. Bestehen die finanziellen Möglichkeiten, ist es vorteilhaft, sich eine Alternative als Arbeitsplatz zu suchen und den Wohnbereich nicht mit der Arbeit in Verbindung zu bringen. Eine Möglichkeit besteht in dem Mieten eines eigenen Büros. Das Büro muss dabei kein besonders großes sein, sondern nur zu den Bedürfnissen des Unternehmens passen. Ein kleiner Raum mit Schreibtisch ist für die meisten Gründer schon ausreichend. Allerdings muss bedacht werden, dass die Mietverträge für Büroräume etwas langfristiger laufen. Diese werden oftmals auf mehrere Jahre abgeschlossen und es ist fraglich, ob die Räumlichkeiten in diesem Zeitraum ausreichen werden. Zudem sind die

Kosten nicht unerheblich. Neben der Miete müssen noch die Nebenkosten bezahlt werden. Ist die Perspektive der gewerblichen Tätigkeit so ausgelegt, dass es auch ohne zusätzliche Mitarbeiter gut online skalierbar ist und sind die finanziellen Möglichkeiten vorhanden, kann die Miete des Büros eine gute Wahl darstellen.

Deutlich flexibler sind sogenannte Coworking Spaces. Dabei handelt es sich um Büroräume, die ganz nach den eigenen Bedürfnissen gemietet werden können. Die Räumlichkeiten werden mit anderen Selbstständigen geteilt. Der Vorteil ist hierbei, dass die Kosten im Vergleich zum kompletten Büro meist niedriger ausfallen. Zudem gibt es zusätzliche Services, die genutzt werden können. In einfachen Coworking Spaces können dies eine Kaffeemaschine und ein Drucker sein. Größere Coworking Spaces stellen hingegen ein ganzes Café bereit und können mit zusätzlichen Freizeitangeboten überzeugen. Die Internetverbindung ist ebenfalls von hoher Qualität und der Verwaltungsaufwand ist sehr gering. Es werden keine langfristigen Verträge abgeschlossen, sondern die Laufzeit kann ganz flexibel angepasst werden. In jeder größeren Stadt werden solche Coworking Spaces angeboten und

SUBB147

dem Gründer wird eine gute Arbeitsatmosphäre bereitgestellt.

Bevor die Coworking Spaces immer beliebter wurden, war das Café mit seiner WLAN-Verbindung ebenfalls ein häufiges Ziel für Gründer. Diese konnten sich dort mit dem Kaffee hinsetzen und nebenbei am Laptop an der Selbstständigkeit arbeiten. So attraktiv es klingen mag, so wenig produktiv ist das Café als ernsthafter Arbeitsplatz für die meisten Personen. Es herrscht eine Hektik, unter welcher die Konzentration leidet und selbst hochwertige Kopfhörer können diesen Umstand nicht komplett abmildern. Zudem sind die Kosten nicht zu verachten, wenn das Café als dauerhafter Arbeitsplatz angesehen wird. Im Vergleich wird der Coworking Space wahrscheinlich günstiger sein und eine wesentlich bessere Arbeitsatmosphäre bieten.

Letztlich bleibt es natürlich jedem selbst überlassen, in welcher Umgebung die Produktivität am höchsten ist. Die mentale Belastung, die durch das Vermischen des Wohn- und Arbeitsbereiches entsteht, ist jedoch nicht sofort bemerkbar. Lässt der finanzielle Rahmen eine Trennung zu, sollte ein Coworking Space oder ein eigenes Büro gemietet werden.

SUBB148

Dadurch wird eine hohe Produktivität erzeugt und letztlich bedeutet dies, dass weniger Arbeitszeit in die Selbstständigkeit investiert werden muss und mehr Zeit für die Familie vorhanden ist.

Diese Dinge müssen mit dem Arbeitgeber geklärt werden

In Deutschland ist die Ausübung eines Gewerbes grundsätzlich durch den § 1 der Gewerbeordnung abgedeckt. Besteht noch die Anstellung im Hauptberuf, dann könnte dies mit einigen Konflikten verbunden sein. Hier ist allerdings zu sagen, dass der Arbeitgeber lediglich die Arbeitskraft zu der festgelegten Arbeitszeit erhält. Wird diese Leistung vom Arbeitnehmer erfüllt, kann der Arbeitgeber gegen das Gewerbe des Arbeitnehmers keinen Einspruch einlegen.

Dennoch muss das Gewerbe dem Arbeitgeber angezeigt werden. Es besteht eine Informationspflicht und der Arbeitgeber muss erörtern, ob ein berechtigtes Interesse daran besteht, dass das Gewerbe nicht vereinbar mit der Ausübung der Haupttätigkeit wäre. Dies kann der Fall sein, wenn das

SUBB149

Gewerbe als Konkurrent zum Arbeitgeber auftritt. Es ist offensichtlich, dass es nicht im Interesse des Arbeitgebers ist, wenn ein Arbeitnehmer ein Unternehmen gründet, welches im gleichen Markt aktiv ist und als Konkurrent wahrgenommen werden würde. Zudem verfügt der Arbeitnehmer über Informationen, die zum Nachteil des Arbeitgebers ausgelegt werden können. Hierzu zählen bereits Kundeninformationen, die der Selbstständige nun für sich nutzen könnte.

Eine weitere Einschränkung besteht, wenn die volle Arbeitskraft nicht mehr im Hauptberuf eingesetzt wird. Wird einige Energie in das Gewerbe investiert, könnte dies dazu führen, dass die Hauptaufgabe nicht mehr mit der notwendigen Sorgfalt oder Konzentration erledigt wird. Leidet die Leistung unter dem Gewerbe, kann der Arbeitgeber diese Tätigkeit untersagen oder mit einer Kündigung drohen.

Ein weiterer Punkt besteht in dem Ansehen des Arbeitgebers. Durch das Nebengewerbe darf das Ansehen nicht beschädigt werden. Dies könnte der Fall sein, wenn das Gewerbe in der Erotikbranche angesiedelt ist. Diese Tätigkeit könnte auf den Arbeitgeber abfärben und möglicherweise

SUBB150

150

das Unternehmen beschädigen.

Entgegen dieser negativen Position des Arbeitgebers stehen einige aber auch der Nebentätigkeit positiv gegenüber. Manche Unternehmen bieten sogar eine Unterstützung an und sind geradezu positiv von diesem Schritt überzeugt. Sie sehen in der Selbstständigkeit vor allem die Chance, dass der Arbeitnehmer über neue Fähigkeiten verfügen wird, die im Hauptberuf eingesetzt werden. So ist in der Selbstständigkeit mehr Verantwortung gefordert und die Entscheidung ein eigenes Unternehmen zu gründen ist mit einigen Problemen verbunden, die überwunden werden müssen.

Arbeitgeber, die ihre Arbeitnehmer nicht nur als einfache Ressource wahrnehmen, sondern mit einer hohen Wertschätzung entgegentreten, werden in den meisten Fällen den Schritt zur Nebentätigkeit begrüßen. Bedeutet dies doch, dass die Fähigkeiten des Arbeitnehmers wachsen und dieser davon abgehalten wird, die Haupttätigkeit zu kündigen. Erweist sich die Selbstständigkeit als kleiner Erfolg, wird der Mitarbeiter zufriedener sein und eventuell sogar eine höhere Leistung im Hauptberuf abrufen können. Es muss also nicht immer

SUBB151

die Angst bestehen, dass der Arbeitgeber der Gründung des Gewerbes negativ gegenübersteht. Handelt es sich um einen verständnisvollen Vorgesetzten, wird dieser eher die positiven Seiten wahrnehmen und schätzen.

Die Selbstständigkeit als Student

Das Studium kann je nach Fachrichtung einige Zeit in Anspruch nehmen. Mit der Bologna-Reform wurde darauf abgezielt, dass das Studium einer gewöhnlichen Vollzeittätigkeit entspricht. Dies bedeutet, dass jeder Student im Durchschnitt 40 Stunden mit dem Studium verbringt. Der Arbeitsaufwand verteilt sich aber nicht gleichmäßig über das Jahr. Es gibt Phasen, in denen sehr viel mehr Zeit mit dem Studium aufgewendet werden muss und es gibt prüfungsfreie Zeiträume, in denen der Student sich mit anderen Aufgaben befassen kann. Viele Studenten verbringen diese Zeit mit einem Ferienjob, der zur Finanzierung Ihres Lebensunterhaltes dient.

Das Studium bietet aber auch eine gute Möglichkeit, ein eigenes Gewerbe zu starten. Viele Universitäten bieten

SUBB152

spezielle Gründerprogramme, die eine Unterstützung für die Selbstständigkeit bieten. Dort wird genau aufgezeigt, wie der Schritt zum eigenen Unternehmen vollzogen wird und was es zu beachten gibt. Gerade für Studenten der Wirtschaftsfächer bietet das Gewerbe eine gute Möglichkeit, die Theorie anzuwenden und selber Erfahrungen zu sammeln. Selbst wenn das Gewerbe nicht erfolgreich sein sollte, macht sich dieser Schritt im Lebenslauf gut und wird von Arbeitgebern positiv wahrgenommen.

Im Gegensatz zum Schüler bestehen beim Studenten kaum Einschränkungen hinsichtlich des Nebenerwerbs. Das Studium ist bereits als Haupttätigkeit anerkannt und wird das Gewerbe gegründet, fällt dieses in die nebenberufliche Tätigkeit. Damit werden Probleme mit der Krankenversicherung umgangen. Als Student besteht also weiterhin die Möglichkeit, den günstigen Tarif zu wählen und es gibt keine Pflicht, in einen teureren Tarif zu wechseln, der schnell mehrere hundert Euro im Monat kosten kann.

Studenten finanzieren oftmals Ihren Lebensunter

SUBB153

halt durch verschiedene staatliche Unterstützungen. Das Kindergeld steht jedem Stundeten im Erststudium zu, sobald er das 25. Lebensjahr noch nicht vollendet hat. Das Kindergeld ist unabhängig vom Einkommen und wird selbst bei der Gründung des Nebengewerbes weiterhin ausgezahlt. Als Student muss also keine Angst bestehen, dass durch die Gründung des Gewerbes Nachteile entstehen. Dies ist ein wesentlicher Unterschied zum Schüler, welcher dringend darauf achten sollte, dass bestimmte Einkommensgrenzen nicht überschritten werden. Andernfalls tritt die Pflicht ein, einen teuren Tarif in der Krankenkasse nutzen zu müssen.

Urlaubsregelung

Als Arbeitnehmer steht einem eine gesetzliche Mindestdauer für den Jahresurlaub zu. Wird ein Gewerbe gegründet, kann der Urlaub schon mal damit verbracht werden, diese freie Zeit in das eigene Unternehmen zu investieren. Schließlich werden sich kaum weitere Möglichkeiten bieten, in denen die entsprechende Zeit zur Verfügung steht und für die Selbstständigkeit genutzt werden kann.

SUBB154

Der Urlaub ist allerdings mit dem Erholungszweck verbunden. Als Arbeitnehmer kann der Urlaub daher nicht vollumfänglich nach den eigenen Vorstellungen genutzt werden. Er dient der Erholung und schützt davor, dass der Arbeitnehmer langfristig unter der vielen Arbeit leidet. Wird im Urlaub nun eine weitere gewerbliche Tätigkeit ausgeführt, kann dies dem Erholungszweck entgegenstehen. Aus rechtlicher Sicht muss daher beachtet werden, dass der Urlaub nicht komplett darin ausartet, die Zeit in das Gewerbe zu investieren.

Hierzu gibt es von Rechtswegen die Einschränkung der Arbeitszeit für das Gewerbe während des Urlaubs. Es ist sicherlich kein Problem, wenn nur wenige Stunden am Tag in das Unternehmen gesteckt werden. Kommt die Tätigkeit aber vom zeitlichen Umfang her dem Haupterwerb nahe, kann dies dem Erholungszweck entgegenstehen. Ist der Haupterwerb mit einer gewöhnlichen 40-Stunden-Woche verbunden, darf die Selbstständigkeit während des Urlaubs etwa 20 Stunden einnehmen. In diesem Zeitrahmen wird noch nicht von einer ausufernden Tätigkeit gesprochen. Die Erholung findet in ausreichendem Maße statt. Inwiefern die tatsächliche Zeit

SUBB155

vom Arbeitgeber überprüft werden kann, sollte natürlich angezweifelt werden. Wenn die Tätigkeit online durchgeführt wird, ist dies für den Arbeitgeber kaum zu überprüfen. Wird allerdings ein kleines Lokal oder Geschäft eröffnet, sollte die Zeit während des Urlaubs dort begrenzt werden. Andernfalls könnte der Arbeitgeber den Einwand erheben, dass der Arbeitnehmer nach dem Urlaub weiterhin unter einem hohen Stress steht und die Zeit nicht für sich nutzen konnte.

Was passiert im Krankheitsfall?

Ähnlich sieht die Regelung auch bei der Krankheit aus. Liegt eine Krankschreibung für den Haupterwerb vor, darf während der Dauer der Krankheit keine Tätigkeit ausgeführt werden, die dem Genesungsprozess im Wege steht. Dies bedeutet, dass bei einer Erkältung eher keine schwere Gartenarbeit an der kalten Luft ausgeführt werden darf. Ein Spaziergang ist aber weiterhin erlaubt und die Krankschreibung zwingt den Arbeitnehmer nicht dazu, die gesamte Zeit nur Zuhause zu verbringen. Dies könnte den Genesungsprozess eher noch verzögern.

SUBB156

156

Mit der Tätigkeit im Nebengewerbe verhält es sich ähnlich. Diese darf während der Krankschreibung ausgeführt werden, insofern sie den Genesungsprozess nicht verzögert. Hierbei kommt es ganz darauf an, welches Gewerbe und welche Art der Krankschreibung vorliegt. Bei einer Erkältung können selbst leichte Tätigkeiten, wie die Arbeit am Computer, untersagt werden. Bei einer schweren Grippe ist Bettruhe angesagt und andere geistige Arbeiten sollten vermieden werden. Anders sieht es hingegen aus, wenn eine Verletzung vorliegt. Wird im Hauptberuf etwa einer körperlichen Tätigkeit nachgegangen und der Fuß ist gebrochen, kann der Hauptberuf nicht mehr ausgeübt werden. Es spricht aber nichts dagegen, wenn leichte Arbeit am Laptop ausgeführt wird, die dem eigenen Gewerbe zugutekommt. Allerdings sollten andere Tätigkeiten wiederum vermieden werden. Die Besichtigung eines Büros sollte mit dieser Art der Verletzung vermieden werden.

Letztlich ist die Definition der Einschränkung nicht einheitlich. Es kommt immer auf den Einzelfall an, welcher aufzeigt, ob die selbstständige Tätigkeit während der vorliegenden Krankschreibung ausführbar ist oder ob es zum

SUBB157

Konflikt mit dem Arbeitgeber kommen könnte. Im schlimmsten Fall könnte der Arbeitgeber eine fristlose Kündigung aussprechen, wenn dieser herausfindet, dass der Arbeitnehmer Tätigkeiten nachgegangen ist, die im Widerspruch mit dem Genesungsprozess standen. Hier gilt ebenfalls der Einwand, dass es natürlich sehr schwer nachvollziehbar für den Arbeitgeber ist, wenn die Tätigkeit online ausgeführt wird. Dennoch sollte hier kein Risiko eingegangen werden. Der Hauptberuf stellt immer noch die größte Einkommensquelle dar und diese sollte nicht für ein paar Aufgaben in der Selbstständigkeit auf Spiel gesetzt werden. Womöglich könnte ein zäher und kostenintensiver Rechtsstreit folgen, wenn der Arbeitgeber eine Kündigung ausspricht.

In diesem Kapitel wurden weitere Informationen geliefert, die für den Gründungsprozess wesentlich sind. Die Entscheidung, ob alleine oder im Team gegründet wird, hängt hauptsächlich von der Komplexität des Geschäftsmodells ab. Für die Selbstständigkeit im Nebenerwerb ist es jedoch ratsam, wenn dieses alleine durchgeführt wird. So kann sichergestellt werden, dass die Arbeitsbelastung den eigenen Grenzen entspricht und kein Partner etwa einen höheren Arbeitseinsatz

SUBB158

fordert.

Des Weiteren sollte die Nebentätigkeit dem Arbeitgeber angezeigt werden. Es ist wenig sinnvoll, all die Schritte im Geheimen auszuführen und zu hoffen, dass der Arbeitgeber davon nichts mitbekommen würde. Einige Arbeitgeber sind der Gründung des Gewerbes nicht negativ gegenüber eingestellt, sondern fördern diese Entscheidung. Der Arbeitnehmer erlernt neue Fähigkeiten, die auch für den Arbeitgeber im Hauptberuf von Vorteil sein können. Eine offene Kommunikation sollte immer bestehen und auch, wenn der Arbeitgeber dem Gewerbe nicht widersprechen kann, ist eine Informationspflicht vorhanden.

Ebenso sollte mit den Zeiträumen während des Urlaubs und der Krankheit verantwortungsvoll umgegangen werden. Schon aus Eigeninteresse ist es wichtig, dass es auch Phasen gibt, in denen die Erholung im Vordergrund steht und die Arbeit zweitrangig ist. Andernfalls läuft man Gefahr, dass der Stress zu einer zu hohen Belastung wird und es drohen ernsthafte Folgen, wie zum Beispiel das Burn-out.

SUBB159

KAPITEL

Kunden erreichen! Marketing Einstieg
leicht gemacht.

Was ist Marketing?

ALLE NOTWENDIGEN SCHRITTE WURDEN unternommen und jetzt steht dem erfolgreichen Geschäft nichts mehr im Wege. Im Grunde ist jetzt alles darauf ausgelegt, dass die Kunden den Laden einrennen oder im digitalen Shop unterwegs sind und das virtuelle Lager leer räumen.

Ganz so einfach gestaltet sich die Gründung meistens nicht. Die Konkurrenz ist vielfältig und die Kunden müssen überhaupt erst erfahren, dass das eigene Gewerbe eröffnet wurde. Um die Produkte und Dienstleistungen anzupreisen ist das Marketing als Instrument notwendig. Nur indem ein umfangreiches Marketing betrieben wird, kann das eigene Angebot überhaupt auf dem Markt gefunden werden. Andernfalls entscheidet sich der Kunde lieber für ein anderes Angebot, welches viel prominenter platziert ist und über das er bereits mehr Informationen erhalten hat.

SUBB161

Marketing hat sich in den letzten Jahren und Jahrzehnten jedoch deutlich verändert. Während früher das eigene Geschäft mit Plakaten oder Bannern lokal beworben wurde, überwiegt jetzt die Werbung im Internet. Wenn die Leistungen ebenfalls im Internet angeboten werden, ist es naheliegend, dass die Marketingaktivitäten dort stattfinden. Mit einem Marktanteil von über 95 Prozent besitzt Google eine große Macht im Bereich der Suchmaschinen. Menschen nutzen diese, um Antworten auf Ihre Fragen zu erhalten oder wenn jene in der näheren Umgebung eine Empfehlung bekommen möchten.

Das Marketing als Aktivität hat sich also deutlich verändert und daher sollten die modernen Methoden des Internets genutzt werden, um das eigene Angebot anzupreisen. Es geht jetzt nicht mehr darum, die Stadt mit Plakatwerbung zu befüllen, sondern das Internet zu erobern. Wenn das angebotene Produkt oder die Dienstleistung darauf abzielt ein Problem zu lösen, ist es naheliegend, dass das Gewerbe bei der Suchmaschine für verwandte Suchbegriffe oben platziert sein sollte. Auf diese Weise werden Menschen auf das Angebot aufmerksam und hoffentlich zu Käufern.

SUBB162

Moderne Marketingmethoden

Das Internet hat die Marketingaktivitäten revolutioniert. Dabei steht im Vordergrund, dass nun eine breite Masse an Kunden erreicht werden kann. Bei dieser Masse handelt es sich allerdings nicht um eine breite ungefilterte Kundengruppe, sondern die Zielgruppe kann sehr genau definiert werden. Durch die Daten, die von den jeweiligen Plattformen wie Google und Facebook erhoben werden, wird der Nutzer praktisch zum gläsernen Kunden. Was als Privatperson ziemlich beängstigend klingt, ist für den Werbetreibenden von Vorteil. Er ist in der Lage die Zielgruppe sehr genau zu definieren und anzusprechen. Hierbei ist nicht nur die Auswahl nach bestimmten demographischen Merkmalen möglich. Auch die Interessen und das Kaufverhalten der Zielgruppe kann genauer bestimmt werden.

Damit ist das Werben auf Onlineplattformen um einiges effizienter. Im Vergleich dazu sind herkömmliche Werbeplakate in der Innenstadt vollkommen ungefiltert. Sie sprechen jede Person an, egal ob diese in die Zielgruppe passt oder nicht. Gleiches gilt auch für Werbung im Fernsehen oder im

SUBB163

Radio. Natürlich kann hier durch die Wahl des Programmes ein gewisser Filter angelegt werden, dieser ist im Vergleich zu den Möglichkeiten bei den modernen Medien aber sehr ungenau.

Wird das Geschäftsmodell hauptsächlich online verwirklicht, sollte die Marketingaktivität dort stattfinden. Eine Möglichkeit besteht in der Schaltung von Werbung auf Facebook. Hier besteht die Option, die Zielgruppe sehr genau eingrenzen zu können. Neben den demographischen Eigenschaften können die Hobbys sehr genau analysiert werden. Dies hat zur Folge, dass das Marketingbudget nicht dafür ausgegeben wird, die Marke im Allgemeinen bekannter zu machen. Stattdessen wird eine potenzielle Zielgruppe angesprochen, bei denen die Wahrscheinlichkeit hoch ist, dass diese zu Kunden werden. Verknüpft werden kann ein bezahlter Beitrag mit der Erstellung einer Fanseite. Für Unternehmen dient solch eine Fanseite als Kommunikationsbrücke zu den Kunden. Diese können über günstige Angebote informiert und langfristig gebunden werden. Das Betreiben dieser Fanseite ist zudem vollkommen kostenlos. Wichtig ist hierbei nur, dass die Inhalte für die Zielgruppe ansprechend gestaltet sind. Rufen diese nur ein geringes Interesse hervor, schränkt Facebook die Sichtbarkeit ein und nur noch ein geringer Teil der Fans sieht den veröffentlichten Beitrag in Zukunft.

Inhalte, die bei Kunden besonders gut ankommen, sind kurze Videos oder Bilder. Diese Medien können schnell konsumiert werden und erfordern keine allzu lange Aufmerksamkeit. Die Inhalte sollten daher so ausgelegt sein, dass sie schon auf den ersten Blick ansprechend sind. Etwa durch eine humorvolle Überschrift oder durch ein sehr einprägsames Bild. Weniger ansprechend sind lange Texte. Diese können zwar mehr Informationen transportieren, doch kaum ein Nutzer wird sich diesen Text durchlesen. Daher ist es vorteilhafter, wenn diese Informationen über Bilder oder kurze Videos transportiert werden. Dabei ist es sinnvoll, wenn die Kommunikation zum Kunden in regelmäßigen Beiträgen erfolgt. Dadurch wird eine engere Kundenbindung erzielt.

Neben Facebook gilt mittlerweile Instagram als führende Plattform für Werbetreibende. Im Durchschnitt wird hier eine jüngere Zielgruppe erreicht. Die Nutzer auf Instagram verbringen aber mehr Zeit auf dieser Plattform und sind

SUBB165

165

daher auch empfänglicher für Werbebotschaften. Als Unternehmen hilft ein eigener Instagram-Account auf vielfältige Weise. In kurzweiligen Bildern kann das eigene Produkt angepriesen oder eine andere Botschaft vermittelt werden. Dadurch werden Nutzer auf das Produkt aufmerksam und möglicherweise zu Käufern. Instagram bietet mittlerweile auch die Möglichkeit Storys zu schalten und über den eigenen Kanal zu vertreiben. Storys sind nur für 24 Stunden sichtbar, können aber dazu genutzt werden, um einen Einblick in das Unternehmen zu gewähren. Beliebt ist hierbei der Blick hinter den Kulissen. Dadurch wird das Unternehmen den Fans noch nähergebracht und diese erkennen, welche Arbeit eigentlich im Produkt steckt. Zusätzlich kann auch die Live-Funktion hilfreich sein. In solch einer Verbindung können Fragen beantwortet werden und eine direkte Kommunikation stattfinden. All diese Funktionen sind gebührenfrei nutzbar.

Neben den kostenlosen Funktionen besteht natürlich auch die Möglichkeit, die Plattform umfassender für die eigene Werbung zu nutzen. Zu Beginn wird der eigene Account nur wenige Fans haben. Damit das Unternehmen etwas bekannter wird, können gesponserte Beiträge

SUBB166

veröffentlicht werden. Diese tauchen in den Feeds der Nutzer auf und falls diese von dem Beitrag angesprochen werden, können Sie dem eigenen Account folgen.

Die Werbemaßnahmen können auf Instagram geschaltet werden oder es wird ein Werbebotschafter genutzt. Solche „Influencer" werden bei Unternehmen für die Verbreitung der Werbung immer beliebter. Diese haben eine gewisse Reichweite und wenn eine große Schnittmenge mit der eigenen Zielgruppe besteht, kann diese Art der Werbung sehr effizient sein. Insbesondere für Verbraucherprodukte, die eine jüngere Zielgruppe ansprechen, ist diese Form der Werbung erfolgversprechend. Die Effektivität dieser Werbekampagne hängt vor allem von der Wahl des Werbebotschafters ab. Hier sollte eine gründliche Analyse erfolgen. Eine große Reichweite ist noch lange kein Garant dafür, dass die Kampagne ihre erhoffte Wirkung erzielt. Besser ist es, wenn die Reichweite möglichst stark mit der definierten Zielgruppe übereinstimmt. Qualität ist in diesem Bereich wichtiger, als eine große Masse an Fans.

Als weitere Werbeplattform kann Google genutzt werden. Die Suchmaschine gilt als Antwort auf alle möglichen Fragen.

SUBB167

Bietet das eigene Unternehmen und Geschäftsmodell Antworten auf Probleme, können Anzeigen in den Suchergebnissen platziert werden. Damit steht die Webseite an der obersten Stelle und wird von den Nutzern am ehesten wahrgenommen. Werden die Nutzer auf die eigene Webseite geleitet, besteht die Aufgabe nun darin, diese vom Kauf zu überzeugen.

Dies sind nur drei Varianten der modernen Marketingmaßnahmen, die genutzt werden können, um die Selbstständigkeit zu fördern. Findet die Unternehmung hauptsächlich online statt und ist nicht lokal begrenzt, sind diese Werbemöglichkeiten den klassischen Maßnahmen weit überlegen. Die Zielgruppe ist viel enger definiert und damit wird das Werbebudget effizienter eingesetzt. Zudem kann viel genauer kontrolliert werden, wie erfolgreich die jeweilige Werbekampagne ist. Facebook, Instagram und Google stellen dafür die Daten zur Verfügung, die genau aufschlüsseln, wie die Nutzer auf die Werbung reagieren. Bietet diese noch nicht die gewünschte Wirkung, können die Beiträge gezielt optimiert werden, um mehr Nutzer anzusprechen.

SUBB168

Eine Webseite aufbauen

Wie die meisten vorhergehenden Beispiele des modernen Marketings zeigen, zielt ein Großteil der Maßnahmen darauf ab, die Nutzer von einer Plattform zur eigenen Webseite zu führen. In der heutigen Zeit ist die Webseite für die meisten Unternehmen ein unverzichtbarer Bestandteil des Marketings. Die Webseite gilt als Aushängeschild und ist eine Art digitale und interaktive Visitenkarte. Kunden können sich auf der Webseite über die Produkte und Dienstleistungen informieren und diese über ein Shop-System bestellen. Somit wird ein Großteil des Umsatzes direkt über die eigene Webseite und deren Besucher generiert.

Für die Erstellung einer ordentlichen Webseite gibt es einige Hilfsmittel. Es ist nicht mehr notwendig, Fachwissen in HTML oder anderen Programmiersprachen zu besitzen. Das Angebot an einfachen Tools ist vielfältig und mit ein wenig Einarbeitungszeit ist es praktisch jeder etwas technikaffinen Person möglich, eine Webseite zu erstellen. Durch verschiedene Baukastensysteme und vorgefertigten Designs sehen diese ansprechend aus und stehen professionell erstellten

SUBB169

Varianten in kaum etwas nach.

Als herausstechend muss die Möglichkeit der Erstellung einer Webseite mittels WordPress erwähnt werden. WordPress dient hierbei als Benutzeroberfläche, mit der die Webseite zum Leben erweckt und mit Inhalten gefüllt wird. Im ersten Schritt ist jedoch die Wahl eines geeigneten Hosts notwendig. Dieser stellt die Server und die ersten Installationsschritte bereit. Die Kosten hierfür belaufen sich auf weniger als 10 Euro und dabei ist schon der Name inklusive einer „ .de - Adresse " enthalten. Für die Wahl können Vergleichsportale genutzt werden, die die Unterschiede zwischen den einzelnen Hosting Anbietern aufzeigen.

Sollte die Webseite und das Unternehmen sehr erfolgreich sein und viele Besucher anziehen, ist es später immer noch möglich einen professionelleren Tarif in Anspruch zu nehmen. Bei diesem wird ein Server angeboten, der leistungsfähiger ist und die höheren Besuchszahlen ohne Probleme verkraftet. Zu Beginn ist solch eine hohe Investition aber nicht notwendig. Der Grundtarif, welcher bei den meisten Anbietern sehr günstig ist, ist für den Anfang vollkommen

SUBB170

ausreichend.

Wurde ein Anbieter gefunden, der den eigenen Ansprüchen genügt und der eine WordPress-Installation anbietet, muss ein Name für die Domain gefunden werden. Dies ist der Name, der in der oberen Adresszeile des Browsers erscheint. Dieser Name sollte so kurz und prägnant wie möglich sein. Dadurch fällt es Besuchern leichter sich diesen zu merken und Sie werden mit einer höheren Wahrscheinlichkeit die Webseite mehrmals aufrufen. Umlaute oder andere Sonderzeichen sollten nach Möglichkeit vermieden werden.

Nach der Festlegung des Namens erfolgt die Word-Press-Installation. Hierfür bieten einige HostingAnbieter eine Ein-Klick-Variante an. Der Anbieter übernimmt praktisch die Installation und es müssen nur noch die Zugangsdaten eingegeben werden. Danach kann die Oberfläche genutzt werden, um die Webseite zu gestalten. Ist das Grundgerüst aufgebaut, wird ein kostenloses Standard-Design sichtbar sein. Dieses ist für die Erstellung der Webseite nicht nützlich. Die Funktionen sind sehr eingeschränkt und die Verwechslungsgefahr mit anderen Webseiten, die ebenfalls diese

SUBB171

Standard-Variante nutzen ist zu hoch. Besser ist es daher, wenn ein PremiumDesign gewählt wird. Hierfür gibt es wiederum einige Marktplätze, auf denen die „Themes" vorgestellt werden. Wurde ein Design gefunden, welches sowohl vom Aussehen, als auch den Funktionen ansprechend erscheint, kann dieses erworben werden. Mit diesem Kauf sind Kosten in Höhe von bis zu 100 Euro verbunden. Es handelt sich aber um eine einmalige Investition, die als Voraussetzung für die Gestaltung der Webseite notwendig ist.

Eine Webseite ist nur sinnvoll, wenn diese mit Inhalten gefüllt wird. Wird ein Produkt oder eine Dienstleistung angeboten, sollten diese ausführlich beschrieben werden. Weiterhin sinnvoll ist das Vorstellen der eigenen Person. Das mag für einige Gründer zwar befremdlich wirken, doch die eigene Persönlichkeit verleiht der Webseite direkt einen viel freundlicheren Eindruck. Andernfalls steht der Besucher nur vor einer weiteren anonymen Webseite, die kaum in Erinnerung bleibt.

Auf einem Blog können verschiedene Themen behandelt werden. Diese können direkt oder indirekt mit den Produkten

SUBB172

oder Dienstleistungen zusammenhängen. Der Vorteil des Führens eines Blogs besteht darin, dass diese Beiträge bei Google zu finden sind. Nutzer, die eine bestimmte Suchanfrage stellen, werden auf diese Weise direkt auf die Webseite geführt. Dies ist eine Marketingmaßnahme, die ohne Investitionen vorgenommen werden kann, sondern nur etwas Fleiß erfordert. Des Weiteren vermittelt der Blog die eigene Expertise in diesem Themenbereich. Die Beiträge sind nützlich, um sich selber als Experte zu positionieren und den Mehrwert des Angebots zu unterstreichen.

Es ist also ratsam, in jedem Fall eine eigene Webseite zu gründen und diese zu führen. Dafür muss nicht direkt ein Webdesigner beauftragt werden. Eine einfache WordPress Seite inklusive Hosting ist mit Einmalkosten von etwa 100 Euro verbunden. Die weiteren monatlichen Kosten belaufen sich auf etwa 10 Euro. Bei der Gründung werden dies noch die geringsten Kostenpunkte sein. Langfristig zahlt sich diese Investition auf vielfältige Weise aus. Besucher gelangen über Suchmaschinen auf die Webseite und erfahren von dem eigenen Angebot. Ebenso kann das eigene Fachwissen den interessierten Nutzern vermittelt werden.

SUBB173

Die Suchmaschinenoptimierung

Marketingmaßnahmen können mit großen Investitionen verbunden sein. Gerade wenn es darum geht eine noch unbekannte Facebook Seite oder Instagram Account bekannter zu machen, ist dies mit erheblichem Aufwand verbunden. Schließlich sind die Zeiten, in denen nur ein paar wenige gute Bilder ausreichen, um eine große Kundengruppe zu erreichen, lange vorbei. Mittlerweile müssen die Bilder über eine hohe Qualität verfügen und zusätzlich muss Geld investiert werden, damit eine höhere Reichweite angesprochen wird.

Ist das Unternehmen langfristig ausgelegt und etwas Geduld und Zeit vorhanden, kann anstelle der Investition in diese Werbung auch die Suchmaschinenoptimierung vorgenommen werden. Im vorherigen Unterkapitel wurde der Nutzen eines Blogs und das Schreiben der Beiträge bereits erwähnt. Ein wesentlicher Effekt des Blogs ist, dass Nutzer über die Suchmaschine zur eigenen Webseite geleitet werden. Ist ein Blogbeitrag nützlich und bietet dem Nutzer einen echten Mehrwert, wird dieser auf Google in den oberen Positionen angezeigt. Dadurch werden Menschen auf die eigene

SUBB174

174

Webseite geleitet und diese werden hoffentlich zu zahlenden Kunden.

Die Vorstellung, dass die Blogbeiträge automatisch in den höheren Positionen bei Google landen, ist allerdings sehr naiv. Das Netz ist mittlerweile übersät mit Beiträgen und Informationen. Die Chance, dass eine Nische gefunden wird, über die keine Informationen bereitstehen, ist sehr gering. Falls dennoch solch eine Nische vorhanden ist, ist der Grund dafür wahrscheinlich, dass es kaum Nutzer gibt die nach den entsprechenden Informationen suchen.

Im Klartext heißt dies, dass andere Webseiten mit den eigenen Beiträgen überflügelt werden müssen. Es herrscht also eine Konkurrenzsituation um die vorderen Positionen bei Google und anderen Suchmaschinen. Um in die vorderen Positionen zu gelangen, ist eine Optimierung notwendig. Diese vermittelt der Suchmaschine das Thema und zeigt an, dass der eigene Beitrag wertvoller ist, als der der Konkurrenz.

Bei der Suchmaschinenoptimierung erfolgt eine Unterscheidung zwischen der Optimierung auf der eigenen Seite

SUBB175

und durch den externen Einfluss. Durch die Optimierung der Beiträge kann das Thema und der Suchbegriff, für den der Beitrag angezeigt werden soll, besser an Google vermittelt werden. Wird Beispielsweise ein Geschäft an einem festen Standort aufgebaut, ist es hilfreich, wenn die Tätigkeit und der Standort im Titel, sowie im Text vorkommt. Dadurch erhält der Beitrag eine höhere Relevanz für die entsprechenden Suchbegriffe. Ein Kammerjäger aus Gifhorn kann beispielsweise Beiträge darüber verfassen, wie bestimmte Schädlinge bekämpft werden können. Indem der Ort auf der Webseite prominent platziert wird, wird die Webseite für den Suchbegriff des Kammerjägers in Gifhorn weiter oben angezeigt.

Die zweite Methode der Suchmaschinenoptimierung besteht in der Vermittlung einer höheren Relevanz der eigenen Webseite. Dies geschieht dadurch, indem Verlinkungen aufgebaut werden. Verlinkungen zwischen Webseiten zeigen der Suchmaschine an, dass eine Webseite in diesem Bereich besonders wertvoll ist. Dieses Prinzip beruht auf der Idee der wissenschaftlichen Publikation. Hier gilt ebenfalls der Grundsatz, dass eine Arbeit umso wertvoller ist, je öfter diese von anderen Wissenschaftlern zitiert wird. Es ist logisch, dass

SUBB176

eine Grundlagenarbeit, die ein großes Fundament in einem Bereich gelegt hat und für die Wissenschaft von großer Bedeutung ist, von sehr vielen anderen Wissenschaftlern zitiert wird. Google nutzt einen ähnlichen Algorithmus und bezieht die Verlinkungen bei der Positionierung der Webseiten mit ein. Je mehr eingehende Verlinkungen die eigene Webseite erhält, desto höher ist die Wahrscheinlichkeit, dass diese eine obere Position bei Google erhält.

Um diese Verlinkungen zu erhalten ist ein außergewöhnlich guter Inhalt die Grundlage. Sind die Beiträge besonders interessant und werden von anderen Webseiten als wichtig wahrgenommen, werden diese häufiger eine Verlinkung vornehmen. Dieser Weg ist jedoch mit einiger Geduld verbunden und ähnlich wie bei dem Marketing in den sozialen Medien muss zunächst eine Leserschaft vorhanden sein, bis dieser Multiplikator Effekt überhaupt einsetzt. Hilfreicher ist es, wenn die Verlinkungen selber aufgebaut werden. Das beste Mittel, um die eigene Webseite bekannter zu machen ist über die Wahrnehmung von Gastbeiträgen. Bei dieser Methode werden Beiträge für andere Webseiten geschrieben. Diese liegen im gleichen Themenfeld, wie die eigene Webseite und

SUBB177

eine Verlinkung signalisiert der Suchmaschine eine höhere Relevanz. Das Schreiben eines Gastbeitrages ist zwar mit Aufwand verbunden, allerdings ist dies bei jeder Marketingmethode der Fall. Der Gastbeitrag ist in den meisten Fällen kostenlos und es fällt nur der Arbeitsaufwand für das Schreiben des Beitrages an.

Die Webseite ist also ein wichtiger Anlaufpunkt für zukünftige Kunden. Durch die Suchmaschinenoptimierung kann eine bessere Position bei den Suchergebnissen erlangt werden. Dies ist eine vollkommen kostenlose Werbemaßnahme. Allerdings muss hierbei angemerkt werden, dass es bis zu einem halben Jahr dauern kann, bis die Beiträge auch wirklich in der Suchmaschine an den vorderen Positionen auftauchen. Google ist etwas vorsichtig und benötigt erst etwas Zeit zur Interpretation des Inhaltes.

Mit Videos zum Erfolg

Mittlerweile stehen eine Vielzahl von Medien zur Verfügung, die zur Überbringung der Werbebotschaft genommen werden können. Waren es früher eher reine Texte und Bilder,

SUBB178

bietet die digitale Medienlandschaft die Möglichkeit, Videos einzubetten. Gerade in den sozialen Netzwerken werden Videos sehr gut aufgenommen. Studien zeigen, dass Nutzer Videos mehr Aufmerksamkeit schenken, als nur einem einfachen Bild oder Text. Als Unternehmen sollte dieser Umstand genutzt werden. Durch das eigene Anfertigen von Videos ist der Auftritt im Internet mit einer höheren Wahrscheinlichkeit von Erfolg gekrönt.

Dabei muss der Aufwand nicht besonders hoch sein. Wenn die Voraussetzungen gegeben sind, kann ein kleines Studio genutzt und die Produkte vorgestellt werden. Bei wirklich neuartigen Unternehmen und Produkten ist dies allerdings mit hohen Kosten verbunden oder aufgrund des fehlenden Produktes nicht möglich. Im Anfangsstadium steht vor allem die Idee im Vordergrund.

Um die Nutzer emotional zu erreichen, kann zunächst das Problem visualisiert werden. Hierfür reicht es aus, wenn freie Bilder verwendet werden, die im Hintergrund des Videos zu sehen sind. Im Vordergrund wird mit prägnantem Text das Problem verdeutlicht. Passende Musik unterstützt den

SUBB179

emotionalen Effekt und je eher die Zuseher angesprochen werden, desto eher werden diese bereit sein, das Video zu teilen. Bestenfalls entsteht ein Schneeballeffekt und das Video verbreitet sich von ganz alleine und wird zu einer Internetsensation. Dies bringt dem Unternehmen sehr viel Aufmerksamkeit und steigert den Erfolg, wenn das Produkt an den Markt geht.

Wie aus Besuchern Kunden werden

Ist die Webseite eingerichtet oder das Ladenlokal eröffnet, wurden mit den Marketingmaßnahmen hoffentlich bereits einige Besucher angelockt. Besucher im Lokal alleine bringen noch kein Geld, nun geht es darum, dass diese auch zu zahlenden Kunden werden. Mit den folgenden Tipps werden diese vom Kauf überzeugt.

Egal ob im Internet oder in einem physischen Geschäft. An oberster Stelle steht das Vertrauen in das Produkt oder die Dienstleistung. Ein guter Verkäufer kann zwar die Produkteigenschaften anpreisen und diese so gut wie möglich herausstellen, damit ein Kauf stattfindet, muss der Besucher

SUBB180

diesem Versprechen vertrauen. Als erste Maßnahme kann die eigene Persönlichkeit in die Webseite oder dem Geschäft integriert werden. Ist nicht klar ersichtlich, wer für die Webseite verantwortlich ist, besteht ein grundsätzliches Misstrauen. Schließlich könnte ja die Webseite auch aus dem Ausland betrieben werden, wo andere Gesetze gelten. Ein Besucher wäre dann von hohem Misstrauen geplagt. Steht hingegen eine vertrauensvolle Person mit echtem Namen und Kontaktinformationen hinter der Webseite, erhöht dies das Vertrauen und die Legitimität.

Weitere vertrauensbildende Maßnahmen können in der Gestaltung der Kanäle in den sozialen Medien liegen. Indem hier ein Einblick in die tägliche Arbeitsweise gewährt wird, kann der Kunde erkennen, dass es sich nicht um eine betrügerische Masche handelt, sondern dass das Unternehmen auf einem soliden Fundament steht.

Eine weitere Möglichkeit um die Besucher langfristig zu binden liegt in dem Einsammeln von E-Mail-Adressen. Die sozialen Medien sind zwar einfach zu bedienen und recht schnell kann eine große Fanbasis aufgebaut werden, die

SUBB181

181

Reichweite ist jedoch von der Gunst der Plattform abhängig. Selber E-Mail-Adressen einzusammeln und über Newsletter das Angebot zu verbreiten bietet den Vorteil, dass keine Abhängigkeit gegenüber Drittanbietern besteht. Die Newsletter werden an alle Kunden versendet, die sich zuvor für dieses Angebot eingetragen haben. Damit Besucher überhaupt erst sich für einen Newsletter eintragen, sollte eine kostenlose Leistung erbracht werden. Schließlich ist die E-Mail-Adresse ein wertvolles Gut, dass nicht jeder Besucher so ohne weiteres preisgeben möchte. Ein kostenloses E-Book wird sehr gut aufgenommen und durch das Versenden der zukünftigen Newsletter werden die Kosten oder der Zeitaufwand für das Erstellen des E-Books gerechtfertigt.

Ein gutes Geschäftskonzept und ein herausragendes Produkt sind alleine noch kein Garant dafür, dass die Selbstständigkeit gelingen wird. Das Marketing ist ein wichtiger Bestandteil, um sich von der Konkurrenz abzuheben. Das Internet bietet einige kostengünstige Methoden, um das Angebot einer möglichst großen Zielgruppe zu präsentieren. Die sozialen Medien sind ein guter Anfangspunkt, um eine hohe Reichweite zu erreichen. Danach muss versucht werden, die

Reichweite über die Webseite, zu zahlenden Kunden zu konvertieren. Über den Online-Shop können die Produkte oder Dienstleistungen vertrieben und der Umsatz generiert werden.

Moderne Marketingmethoden haben den Vorteil, dass sie sehr viel zielgerichteter sind. Daher sollte im ersten Schritt die Zielgruppe definiert werden. Für wen ist das eigene Angebot besonders nützlich und wer ist bereit dafür Geld auszugeben? Danach erfolgt das Ansprechen dieser Zielgruppe. Im Idealfall platziert sich die Webseite in den vorderen Positionen in den Suchmaschinen und zieht auf diese Weise ebenfalls Besucher an. Ein Mix aus kostenlosen und kostenpflichtigen Werbemaßnahmen scheint gerade zu Beginn sinnvoll, um eine gewisse Reichweite aufzubauen. Ist dieses Ziel vollbracht, sorgen interessante Beiträge dafür, dass die Zielgruppe das Interesse am Unternehmen nicht verliert und als Kunde gebunden wird.

SUBB183

KAPITEL 9

Wichtige Tipps für den Start.

Organisation üben

ER AUFBAU DES START-UPS ist mit einigem Aufwand und Arbeit verbunden. Normalerweise sollte die Formel gelten, je mehr Arbeit und Zeit in das Start-up investiert wird, desto erfolgreicher sollte dieses wachsen und schneller in die Gewinnzone gelangen. Bei der Arbeitsweise gibt es allerdings Unterschiede und obwohl einige Gründer sehr viel Zeit investieren, bewegt sich das Start-up kaum. Mit den folgenden Tipps kann das Wachstum des Start-ups besser unterstützt werden. Die Arbeitskraft wird viel effizienter genutzt und ein größerer Erfolg ist in kürzerer Zeit sichtbar.

Aller Anfang ist schwer und gerade zu Beginn der Unternehmertätigkeit fallen einige Aufgaben an. Dabei besteht schnell das Risiko, dass die Übersicht verloren geht. Wichtige

SUBB185

Aufgaben werde gar nicht oder zu spät abgeschlossen. Damit können sehr einschneidende Konsequenzen verbunden sein. Im „harmlosen" Fall bedeutet dies einfach nur eine Verzögerung des Wachstums. Aber auch dieser Verzug kann bereits mit einem monetären Ausfall gleichgesetzt werden. In schlimmeren Fällen bedeutet das Verpassen von Fristen zum Beispiel, dass rechtliche Konsequenzen drohen oder das Start-up nicht wie gewünscht an den Start gehen kann.

Daher ist es wichtig, von Anfang an organisiert den Aufgaben gegenüberzutreten. Nicht umsonst heißt es, dass Ordnung das halbe Leben sei und in der Selbstständigkeit trifft diese Aussage auf jeden Fall zu.

Eine Möglichkeit der Organisation bietet das Anlegen von Listen. Durch das Niederschreiben der Aufgaben werden diese konkret festgehalten. Damit sinkt die Gefahr, dass diese vergessen werden. In der ersten Liste kann eine Eingangsliste erstellt werden. Dies ist eine Art Brainstorming, bei der zunächst alle möglichen Aufgaben aufgeschrieben werden. Dies bezieht sich nicht nur auf das Unternehmen, sondern betrifft sämtliche Aufgaben im Leben. Denn wahr ist auch,

SUBB186

dass andere Lebensbereiche die Weiterentwicklung des Unternehmens lähmen können, wenn diese im Geist verbleiben.

Durch das Aufschreiben aller Aufgaben wird das Gedächtnis von einer riesen Last befreit. Es muss nun nicht mehr den kompletten Überblick behalten, sondern kann sich auf die wesentlichen Aufgaben konzentrieren. Dadurch werden gedankliche Blockaden verhindert. Wohl jeder Student, der während des Studiums eine wissenschaftliche Arbeit schreiben musste, wird dieses Gefühl kennen, wenn trotz intensiver Vorbereitung das Schreiben einfach nicht gelingen will. Ursache hierfür kann sein, dass andere Klausuren oder Aufgaben noch im Gedächtnis mitschwingen und den Geist davon abhalten, sich voll und ganz auf die gegenwärtige Aufgabe zu konzentrieren.

Im ersten Schritt werden also alle Aufgaben niedergeschrieben, die im Gedächtnis verankert sind. Einige Aufgaben können sehr schnell und einfach erledigt werden. Im zweiten Schritt folgt daher eine Organisation der Aufgaben. Beim Betrachten der Eingangsliste wird auffallen, dass diese womöglich sehr lang und herausfordernd erscheint. Bei

SUBB187

näherer Betrachtung wird ein Großteil der Aufgaben aber schnell zu bearbeiten sein. Es sind eher Tätigkeiten, die bisher aufgeschoben wurden, weil sie als nebensächlich betrachtet wurden. Dazu kann das Beantworten von Mails zählen oder ein kurzer Kundenanruf. Diese einfachen Aufgaben sollten umgehend erledigt werden, damit die Liste und auch der eigene Geist von dieser Last losgelöst werden. Durch das Abarbeiten der Liste wird schnell ein Erfolgserlebnis generiert. Erschienen die Aufgaben zunächst kaum lösbar, zeigt sich schnell, dass vieles doch gar nicht so schwierig ist.

Dennoch gibt es natürlich Aufgaben, die etwas mehr Arbeit erfordern und nicht so schnell abgearbeitet werden können. Diese werden in eine zweite Liste einsortiert. Können die Aufgaben für sich alleine abgearbeitet werden und gehören diese keinem größerem Projekt an, bleiben diese eigenständig stehen. Steht jedoch ein größeres Projekt an, sollten alle Aufgaben diesem Projekt zugeordnet werden. Dies kann zum Beispiel die Erstellung einer Webseite sein oder die Überarbeitung eines Produktes. Solch umfassende Aufgaben sollten generell wie ein Projekt behandelt werden.

SUBB188

Während der Gründungsphase werden wahrscheinlich noch keine Mitarbeiter als Unterstützung vorhanden sein. Dennoch gibt es einige Tätigkeiten, die außerhalb des Einflusses des Gründers liegen und bei denen es einfach heißt abzuwarten. Ein Antrag beim Amt ist mit einer Bearbeitungsdauer verbunden und wenn eine Mail verschickt wurde, kann es etwas dauern, bis diese beantwortet wird. Dies sind zwar keine unmittelbaren Aufgaben, es hilft aber trotzdem einen Überblick über all diese Prozesse zu behalten. Daher ist das Anlegen einer „Warte-Liste" hilfreich. Dort wird festgehalten, welche Termine in Zukunft anstehen und welche Tätigkeiten gerade von anderen Personen ausgeführt werden. Wichtig ist hierbei, dass die Fristen und zuständigen Ansprechpartner festgehalten werden. Die Arbeitsrealität sieht leider oftmals so aus, dass Arbeiten von Geschäftspartnern eingefordert werden müssen und diese nicht zu den festgelegten Fristen bereitstehen. Hier muss öfter nachgehakt werden, damit die eigene Arbeit nicht unter den Verzögerungen leidet.

Ganz klassisch können die Aufgaben auf Papier festgehalten werden. Kleine Post-It Zettel können vielleicht die bevorstehenden Tagesaufgaben ankündigen, sie sollten aber

SUBB189

nicht stellvertretend für die gesamte Organisation stehen. Besser ist es, wenn ein umfassender Katalog und Ordner angelegt wird. Dort werden die Aufgaben ausführlich beschrieben und abgelegt.

Die Papierform ist allerdings auch nicht mehr so wirklich zeitgemäß. Ist sie doch nicht nur mit hohen Kosten, sondern auch mit einem hohen Verwaltungsaufwand verbunden. Termine können nicht auf den ersten Blick abgelesen werden und schnell kann auch hier das Chaos ausbrechen.

Besser ist es, wenn die Organisation in digitaler Form angelegt wird. Hierzu kann zum Beispiel die Anwendung „Trello" genutzt werden. Diese hat sich in den letzten Jahren bei den meisten Unternehmen durchgesetzt und hilft, die anfallenden Arbeiten im Überblick zu behalten und zu organisieren. Der Vorteil ist hierbei, dass sämtliche Informationen digital zur Verfügung stehen. Nicht nur am PC, sondern auch per App auf dem Smartphone kann diese Anwendung genutzt werden. Dadurch kann praktisch jederzeit eine Aktualisierung der Listen erfolgen und es fällt wesentlich leichter den Überblick zu behalten. Zudem können auch andere

SUBB190

Personen eingeladen werden, um die Aufgaben anzusehen. Für Geschäftspartner stellt dies eine einfache Möglichkeit dar, um auf einen Blick zu erkennen, zu welchem Zeitpunkt bestimmte Arbeiten erledigt sein sollen.

Natürlich gibt es für die Organisation auch andere Anwendungen. Wer sicher im Umgang mit Excel ist und dort alle Tätigkeiten festhalten möchte, für den kann dies die einfachere Möglichkeit darstellen. Wichtig ist nur, dass ein Überblick hergestellt wird und die Aufgaben nicht aus den Augen verloren werden. Eine lose Zettelwirtschaft ist daher als Organisationsform nicht geeignet.

Ein Geschäftskonto einrichten

Die Organisation ist von äußerster Wichtigkeit, wenn die Selbstständigkeit gelingen soll. Dazu gehört auch, dass private von beruflichen Vorgängen getrennt werden. Zu Beginn werden viele Gründer noch das Privatkonto verwenden, um den Zahlungsverkehr zu tätigen. Dabei kann allerdings schnell der Überblick verloren gehen. Zudem ist nicht immer ersichtlich, ob es sich um einen beruflichen

SUBB191

oder privaten Vorgang handelt. Bei der <u>Steuererklärung</u> ist dies ebenfalls von Vorteil und erleichtert die Unterteilung.

Hier stellt sich jedoch die Frage, wo das Geschäftskonto eingerichtet werden sollte. Naheliegend ist natürlich die eigene Bank, bei der auch das Privatkonto bereits vorliegt. Allerdings sehen einige Banken das Geschäftskonto für Gewerbetreibende etwas kritisch. Schnell kann hierbei das Risiko bestehen, dass die Umsätze zu gering sind und sich dieses Konto für die Bank gar nicht lohnt. Häufig lehnen Banken daher Gründer und andere Gewerbetreibende ab, sodass dort gar nicht die Möglichkeit besteht ein getrenntes Geschäftskonto anzulegen. Ebenfalls problematisch ist es, wenn <u>negative Schufa-Einträge</u> vorliegen und die Bonität daher von der Bank mit Einschränkungen zu betrachten ist.

Allerdings gibt es für die Einrichtung eines Geschäftskontos mittlerweile einige Online-Alternativen. Diese können den Vorteil bieten, dass diese direkt mit dem Online-Shop verbunden sind. Bezahlt ein Kunde die Ware, wird diese direkt auf dem Konto gutgeschrieben und als solche kenntlich gemacht. Zudem können bei solchen Konten ganz andere

SUBB192

Leistungen und Eigenschaften angeboten werden, die für das Start-up nützlich sind.

Ein weiterer Punkt, der beachtet werden sollte sind die laufenden Kosten für das Geschäftskonto. Da das Privatkonto die meisten Aufgaben ebenso gut erledigt, wie das Geschäftskonto, wird die Anlage des Geschäftskontos nicht immer als notwendig erachtet. Ist das Budget sehr überschaubar, könnten diese Ausgaben eingespart werden. Hier erweist sich die klassische Bank wiederum als Kostenfalle. Kontoführungsgebühren in Höhe von 10 bis 20 Euro pro Monat für das Geschäftskonto müssen noch nicht den finanziellen Ruin bedeuten. Auf das Jahr hochgerechnet ist die Summe allerdings schon beachtlich und könnte unter Umständen für andere sinnvollere Investitionen zur Verfügung stehen.

Bedenklich sind vor allem die Überweisungsgebühren, die für jeden Zahlungsvorgang anfallen. Bei Geschäftskonten kann schnell eine Gebühr von 50 Cent pro Überweisung sich negativ zu Buche schlagen. Gerade wenn viele Überweisungen über kleinere Beträge durchgeführt werden, macht sich diese Gebühr stärker bemerkbar. Hier lohnt sich der Vergleich und es sollte genau geprüft werden, ob ein Businesskonto bei der eigenen Bank nicht zu horrenden Kosten führt. Nicht zu verachten sind daher die Angebote von Online-Banken, die für Gründer häufig die besseren Konditionen aufweisen und deutliche bessere Leistungen liefern.

Für die Organisation der Buchhaltung ist aber nicht zwingend ein Geschäftskonto notwendig. Wenn die eigene Bank kein gutes Angebot bereitstellt und die Online-Bank zu ungewiss erscheint, um die Zahlungsgänge dort anzuvertrauen, dann kann auch eine Buchhaltungssoftware genutzt werden. Mit dieser können die Zahlungsvorgänge auf dem Privatkonto besser kontrolliert und verwaltet werden. Dadurch ist es zum Beispiel möglich, jeden Vorgang entweder in privat oder geschäftlich zu unterteilen.

Dies ist nicht nur bei der Steuererklärung hilfreich, sondern ermöglicht auch, die finanzielle Entwicklung des Unternehmens besser nachvollziehen zu können. So kann für jeden Monat genau aufgelistet werden, wie hoch die Einnahmen und Ausgaben waren. Zudem wird direkt ersichtlich, welchen Bereichen diese Zahlungsvorgänge zuzuordnen sind.

Eines der populärsten Programme auf diesem Gebiet wird von Lexware angeboten. Die Software kostet, je nach Umfang, bis zu 20 Euro monatlich. Dafür wird das Geschäftskonto während der Gründungsphase jedoch ersetzt und ist nicht zwingend notwendig. Weitere Vorteile sind, dass der Steuerberater sich direkt mit der Software verbinden kann und dort einen Zugriff erhält. So können offene Fragen direkt beantwortet werden und die Buchhaltung entspricht den gesetzlichen Vorgaben.

Das passende Logo und Corporate Design

Teilweise wurden Details wie das Logo und der Name schon behandelt. Hierbei ging es aber vor allem um die rechtlichen Spielräume, die in diesem Zusammenhang maßgeblich dafür sind, was erlaubt ist und was nicht. Jetzt wird viel mehr darauf eingegangen, worauf bei der konkreten Umsetzung geachtet werden muss. Vielleicht schweben schon einige Ideen in Gedanken vor, doch sind diese langfristig wirklich nützlich oder könnte sich die Vorgehensweise sogar als nachteilig entpuppen?

SUBB195

Als wichtigstes Erkennungszeichen gilt der Name des Start-ups. Der Name sollte in jedem Fall gut im Gedächtnis bleiben und entfernt auch darauf hinweisen, wofür das Unternehmen steht. Einen guten Namen zu finden ist gar nicht so einfach. Hierfür gibt es kein festes Schema, welches genutzt werden kann. Wenn bereits eine bestimmte Richtung festgelegt wurde, gibt es im Internet Generatoren, die genutzt werden können. Häufig generieren diese aus der Branche und bestimmten Vorgaben Fantasienamen, die genutzt werden können. Der Vorteil besteht hierbei darin, dass der Name in den meisten Fällen noch nicht im Gebrauch ist und ohne weitere Probleme genutzt werden kann. Zudem wird einige Arbeit abgenommen und es besteht eine große Auswahl an potenziellen Kandidaten. Denn bei der Namensfindung gilt ebenfalls, dass diese zwar wichtig und bedeutsam für den Erfolg der Selbstständigkeit ist, aber im Grunde wird noch kein wirklicher Fortschritt erzielt. Die Namensfindung ist eher eine Nebenaufgabe, die so schnell wie möglich, aber dennoch gründlich, abgeschlossen werden sollte. Ein Generator ist hierfür eine sinnvolle Unterstützung, die den Findungsprozess wesentlich vorantreiben kann.

SUBB196

Ein Fehler, der vermieden werden sollte, ist die Bindung an den erstbesten Namen. Noch bevor das Geschäftsmodell steht, haben viele Gründer bereits eine genaue Vorstellung über den Namen. Gedanklich hängt das Logo bereits über dem Eingangsbereich und der Name ist auf allen Schildern gut erkennbar. Allerdings muss der Name verschiedenste Anforderungen erfüllen. Daher ist die Wahrscheinlichkeit hoch, dass der eigentliche Wunschname letztlich gar nicht genutzt werden kann. Als Grund kann angeführt werden, dass bereits ein anderes Unternehmen unter dem gleichen oder ähnlich klingenden Namen geführt wird. Problematisch wird es ebenfalls, wenn die Domain gar nicht verfügbar ist. Dadurch hätten Kunden Probleme, die Webseite zu erreichen und es müsste auf einen anderen Namen ausgewichen werden.

Besser ist es, wenn zunächst ein Brainstorming stattfindet, bei dem etwa ein Dutzend Namen aufgeschrieben werden. Dadurch fällt es leichter, Kandidaten zu entfernen, die bei genauerer Prüfung gar nicht mehr zur Verfügung stehen und verwendet werden können.

Ist der Name gefunden, ist das Logo der nächste wichtige

SUBB197

Schritt, um ein eigenes Corporate Design zu schaffen. Das Logo spiegelt, ebenso wie der Name wider, wofür das Unternehmen steht. Auf verschiedenen Internetportalen können Designer bereits für wenige Euro damit beauftragt werden, ein eigenes Logo zu erstellen. Dies mag zunächst verlockend klingen, doch ist in den meisten Fällen die Qualität des Logos nicht wirklich überzeugend. Immerhin gilt das Logo ebenfalls als repräsentativ für das Unternehmen und wenn das Logo bereits unprofessionell wirkt, macht dies keinen guten Gesamteindruck.

Eine andere Möglichkeit ist das kostenlose Erstellen von Logos über bestimmte Plug-Ins oder Software. Der Vorteil hierbei ist, dass selber ein größerer Einfluss ausgeübt werden kann. So entspricht das Logo eher den eigenen Vorstellungen. Allerdings ist damit auch einige Arbeit verbunden und das Ergebnis ist nicht immer überzeugend. Es kann allerdings einen gewissen Einstieg in die Unternehmenspräsentation bieten.

Bei der Gestaltung gilt es ebenfalls einige Grundregeln zu beachten. Wenn kein professioneller Designer beauftragt,

SUBB198

sondern das Logo selber erstellt wird, gibt es einige Fallen, die beim Logodesign auftreten können. Ein häufiger Fehler ist, dass das Logo deutlich überladen vom Design her gestaltet wird. Es wird versucht, zu viele Informationen auf engem Raum unterzubringen. So werden neben dem Namen auch noch ein Claim und möglicherweise weitere Informationen im Logo untergebracht. Dies kann schnell zu einer Überforderung des Kunden führen. Anstatt auf einen Blick zu erkennen, wobei es sich bei dem Unternehmen handelt, trägt das Logo eher zu einer Verwirrung bei. Besser ist es, wenn eine klare und möglichst minimale Designsprache eingehalten wird. Dadurch findet keine Überforderung statt und der Name kann sich ebenfalls sehr gut eingeprägt werden.

Wenn das Unternehmen zunächst mit einem sehr einfachen Logo präsentiert wird, bietet dies zudem mehr Entwicklungsspielraum. Es ist nichts Ungewöhnliches, dass sich ein Logo weiterentwickelt und leicht verändert wird. Gründe können hierfür entweder in einer veränderten Geschäftsaufgabe liegen und dass in diesem Zuge eine neue Zielgruppe angesprochen wird oder dass sich die allgemeine Designsprache verändert hat. Damit das Logo modern und nicht

SUBB199

als veraltet betrachtet wird, ist es völlig legitim, dass dieses in gewissen Zeitabschnitten angepasst wird. Je simpler das Logo zunächst ist, desto einfacher sind die späteren Anpassungen und es ist eine vollständige Entwicklung sichtbar. Einfache Designs können schon für weniger als 100 Euro angefertigt werden lassen. Wie beim Namen gilt auch hier, dass nicht zu viel Zeit in das Design des Logos investiert werden sollte. Das Logo dient zwar als Blickfang, wirklich überzeugen muss allerdings der Inhalt des Unternehmens. Es wird wohl kaum ein Käufer davon absehen ein Produkt zu kaufen, nur weil das Logo nicht besonders ansprechend ist. Welche Anforderungen bestehen, damit das Logo als Marke geschützt wird, wurde bereits erläutert. Dieser Vorgang kann hilfreich sein, wenn das Start-up bereits eine gewisse Größe erreicht hat und das Logo auf absehbare Zeit nicht mehr geändert wird.

Regelmäßige Weiterbildung

Als Gründer stehen einem einige Herausforderungen bevor, die bewältigt werden müssen. Je nach Hintergrund und eigenem Wissens- sowie Fähigkeitsstand, können diese Herausforderungen alleine bewältigt werden. Oftmals stoßen

SUBB200

Gründer jedoch aus verständlichen Gründen an Ihre Grenzen. So müssen Sie innerhalb sehr vieler Teilgebiete über ein hohes Wissen verfügen und selber die Arbeitszeit investieren. Es ist keine Schwäche, sich einzugestehen, dass in bestimmten Bereichen Wissenslücken herrschen. Wichtig ist nur, dass passende Maßnahmen ergriffen werden, um diese Lücken zu schließen.

Eine Möglichkeit, die die meisten Gründer nutzen sollten, ist das Wahrnehmen von Coaching- und Fortbildungsangeboten. Im ersten Schritt kann ein Gründungscoaching hilfreich sein. Bei diesem werden alle Aufgaben betrachtet, die notwendig sind, um ein Unternehmen zu gründen. Dabei wird auch die Geschäftsidee kritisch betrachtet. Der Businessplan wird sehr scharf geprüft und es können Verkaufsgespräche simuliert werden. Dadurch wird bereits der harte Alltag eines Unternehmers aufgezeigt und Gründer können für sich entdecken, ob diese Arbeit überhaupt langfristig die gewünschte Erfüllung bietet.

Im Rahmen dieses Coachings können offene Fragen beantwortet werden. Jedes Unternehmen ist etwas anders

SUBB201

und hebt sich von der Konkurrenz ab. Durch die Beratung können bestimmte Bereiche des Businessplans optimiert werden. Ebenfalls liefert solch ein Coaching eine erste Grundlage bei den rechtlichen Fragen. Welche Unternehmensform bietet sich am besten an und wie sieht eigentlich die erste Steuererklärung aus? Wenn hier noch große Unsicherheiten bestehen, ist die Teilnahme an einem Gründungscoaching sinnvoll. Hierzu gibt es verschiedene Angebote, die teilweise vom Jobcenter kostenlos angeboten werden. So kann die erste Hürde genommen werden und der Start in die Selbstständigkeit gelingt mit einem größeren Selbstbewusstsein.

Darüber hinaus können auch spezielle Seminare wahrgenommen werden. Das Thema der Existenzgründung ist sehr allgemein und umfasst ein sehr breites Feld. Wenn in bestimmten Gebieten noch offene Fragen herrschen, gibt es die Möglichkeit entweder spezielle Berater zu befragen oder Seminare zu besuchen, die genau das passende Thema anbieten. Wer also noch Bedenken bei der Gründung des eigenen Unternehmens hat, der kann die offenen Fragen mit einem Coaching klären. Dadurch gelingt die erste Phase der Unternehmensgründung viel einfacher und im weiteren Verlauf

SUBB202

können speziellere Weiterbildungsmaßnahmen genutzt werden.

Sich im Netzwerk engagieren

Die Selbstständigkeit wird häufig mit dem Bild des Einzelkämpfers verbunden. Es wurde bereits erörtert, ob die Gründung im Team oder als Einzelperson mit mehr Vorteilen behaftet ist. Für die meisten Selbstständigen ist sicherlich die Arbeit alleine besser geeignet, um einen höheren Erfolg zu erzielen. Können Partner im Unternehmen doch dazu führen, dass die eigene Vision nicht ohne Kompromisse umgesetzt werden kann. Insbesondere wenn es sich um ein kleineres Unternehmen handelt, welches neben dem gewöhnlichen Job gegründet wird, stellt die Aufnahme von Geschäftspartnern eine größere Belastung dar.

Daraus ergibt sich aber nicht zwangsweise, dass jeder Selbstständige alleine agieren sollte. Es ist überaus sinnvoll, wenn Kontakte geknüpft werden und ein Netzwerk gebildet wird. Innerhalb des Netzwerkes können einige Personen vorhanden sein, die für die Gründung und die eigene

SUBB203

Selbstständigkeit von Vorteil sind.

Als Kontaktpunkte können verschiedene Veranstaltungen genutzt werden. Hierzu zählen klassische Events, wie eine Messe. Auf dieser sind zahlreiche Unternehmen und Personen vertreten, die in der gleichen Branche vertreten sind und ähnliche Ziele verfolgen. Ausgestattet mit der eigenen Visitenkarte kann das Unternehmen präsentiert werden und eventuell ergeben sich aus Gesprächen mit den Messeteilnehmern interessante Möglichkeiten. Dabei sollte allerdings beachtet werden, dass solch eine Beziehung immer von beidseitigem Interesse geprägt sein sollte. Es müssen also beide Seiten von diesem Erfahrungsaustausch profitieren. Wer einfach ziellos auf eine Messe geht in der Hoffnung, dass es dort genügend Geschäftsleute geben würde, die ein kostenloses Coaching anbieten, wird sicherlich schnell enttäuscht sein.

In der Gründungsphase kann es noch sehr schwerfallen, den größeren Unternehmen etwas anzubieten, dass für diese von Interesse sein könnte. Meistens werden Großunternehmen von einer Geschäftsbeziehung absehen. Bessere Chancen bieten sich, wenn andere Gründer als Kontaktpersonen

SUBB204

hinzugezogen werden. Dies können zum Beispiel Gründer sein, die in der gleichen geografischen Region aktiv sind. Wird ein Ladenlokal eröffnet, ist es sicherlich sinnvoll, wenn die anderen Ladeninhaber in der Umgebung über das Vorhaben informiert werden. Diese profitieren ebenfalls davon, wenn in direkter Nachbarschaft ein gut laufendes Geschäft sich platzieren kann und das Einkaufsviertel belebt wird.

Die Selbstständigkeit bedeutet zwar, dass einige Aufgaben alleine bewältigt werden und dass große Anstrengungen mit dieser Bewältigung verbunden sind. Dies bedeutet aber nicht, dass es keine Hilfe gibt. Sowohl Coachings, als auch Netzwerke helfen, ein professionelles Umfeld zu schaffen in dem ein größerer Erfahrungsaustausch stattfinden kann. Dadurch können Fehler vermieden werden und die Gründung wird größere Erfolgschancen aufweisen können.

Geduld beweisen

Der Erfolg des Unternehmens kommt nicht über Nacht. Sicherlich werden viele Gründer voller Enthusiasmus loslegen und schon bald darauf hoffen, dass die Einnahmen nur so

SUBB205

sprudeln und das Start-up der nächste Hit wird. Solch ein gesundes Selbstbewusstsein ist sicherlich hilfreich und kann über einige Fehlschläge hinwegtäuschen. Gerade für Gründer, die nebenbei noch berufstätig sind, sollte allerdings eine realistische Einschätzung erfolgen. Hier muss allein schon der Vergleich mit anderen Unternehmern realistisch sein, die Ihre gesamte Zeit in die Gründung investieren können. Selbst bei solchen Vorhaben kann es Jahre dauern, bis diese mit dem gewünschten Erfolg verbunden sind.

Es muss daher von Anfang an die Geisteshaltung eingenommen werden, dass die Gründung und die Mitarbeit im Start-up kein Sprint ist. Ob die Gründung innerhalb von wenigen Tagen oder Wochen erfolgt, ist nebensächlich. Wichtig ist, dass das Ziel langfristig verfolgt wird. Wer hier zu ungeduldig ist und zu schnell Erfolge erwartet, wird schnell enttäuscht sein. Die Enttäuschung kann zu einer Motivationskrise führen und schon wird die Arbeit am Unternehmen schrittweise immer weniger.

Hilfreicher ist es, wenn von Anfang an realistische Ziele gesetzt werden. Dabei sollten nicht unbedingt Ziele gesetzt

SUBB206

werden, die nur mit einem Ergebnis zusammenhängen. So ist es wenig aussichtsreich, wenn gleich zu Beginn bestimmte Umsätze angestrebt werden. Vielmehr sollte versucht werden, die eigene Arbeitszeit so effektiv wie möglich zu nutzen, um die Aufgaben zu bewältigen. Erst wenn dies erfüllt wurde und das Unternehmen sich am Markt etabliert hat, können langsam Umsatzziele angestrebt werden.

Wichtig ist hierbei auch, nicht die Familie und die eigene Gesundheit zu vergessen. Zum Gedanken des „Marathons" gehört auch, dass die Arbeitsweise nicht dazu führen sollte, dass sie dauerhaft nicht aufrechtzuerhalten ist. Sicherlich wird es gerade am Anfang Phasen geben, die mit einem höheren Stress verbunden sind. Danach sollten aber auch Phasen der Erholung folgen. Nur durch das Einhalten des Gleichgewichtes ist es möglich, dass das Unternehmen nachhaltig wächst und gleichzeitig die Familie und Gesundheit nicht leiden.

Mit diesen Tipps fällt der Weg in die Selbstständigkeit etwas leichter. Als wichtigster Punkt kann wohl erwähnt werden, dass Selbstständigkeit nichts mit Egoismus zu tun hat und Unwissenheit keine Schwäche darstellt.

SUBB207

KAPITEL 10

Eigene Stärken finden und fördern.

Die eigene Stärke finden

WELCHE SIND DIE WICHTIGSTEN Fähigkeiten, die ein Unternehmer benötigt? Ist es das Fachwissen, mit dem ein Produkt entwickelt wird, welches der Konkurrenz um Meilen voraus ist? Oder sind die besten Voraussetzungen für ein Start-up, wenn eine möglichst hohe Finanzierung garantiert wird?

Die eigentlich größte Investition und Leistung befindet sich im Mindset des Gründers. Die Geisteshaltung ist dafür entscheidend, ob die Selbstständigkeit gelingt oder zu einem Misserfolg führt. Dabei geht es nicht unbedingt darum, die größtmögliche Motivation zu finden und pausenlos zu arbeiten. Dies mag zu Beginn noch sehr erstrebenswert sein und sicherlich zu schnelleren Ergebnissen führen. Allerdings ist dieses Tempo nicht langfristig durchführbar.

SUBB209

Welche Geisteshaltung muss ein erfolgreicher Gründer also mit sich bringen und wie kann das eigene Mindset verbessert werden?

Zunächst sollte klar sein, dass das Gründen eines Unternehmens eine große Belastung sein wird. Gerade, wenn dies im Nebenberuf geschieht und ein Vollzeitjob die Hauptaufmerksamkeit verlangt, muss genau nachgeforscht werden, was die Motivation hinter der Selbstständigkeit ist. Geht es einfach nur darum, möglichst viel Geld zu verdienen und ein zusätzliches Einkommen zu erwirtschaften? Oder soll eine eigene Idee verwirklicht werden?

Das Gründen eines Unternehmens stellt eine große Herausforderung dar. Der Schritt in die Selbstständigkeit wird zu einer ständigen mentalen Belastung führen. Schnell werden hierbei Grenzen erreicht und der eigene Charakter einem Test ausgesetzt, wie dies kaum in einem anderen Bereich möglich sein könnte.

Viele erfolgreiche Unternehmen bauten vor allem auf der Vision des Gründers auf. Apple wurde rastlos von Steve Jobs

SUBB210

angeführt und dieser hat mittels der technischen Produkte seine Kreativität verwirklicht. Dies zeigt, wie vielseitig Unternehmer eigentlich sein müssen. Es geht nicht nur darum, über außergewöhnliches Fachwissen zu verfügen. Das Wissen kann sich im Prinzip jede Person im Selbststudium aneignen. Dies ist nicht unbedingt ein Faktor, der das Unternehmen einzigartig macht. Es ist vielmehr der Charakter des Gründers, der für das Unternehmen und dessen Erfolg steht.

Ebenfalls im Vordergrund sollte nicht der Profit stehen. Wer nur darauf aus ist, schnell ein zusätzliches Einkommen zu erwirtschaften, wird ohnehin schnell einsehen müssen, dass dieses Ziel nur schwer zu erreichen ist. Werden dann die festgelegten Umsatzziele verpasst, kann dies schnell dazu führen, dass die Motivation für die Fortführung der Selbstständigkeit nicht mehr vorhanden ist. Soll ein Unternehmen langfristig erfolgreich aufgebaut werden, muss dies aus dem Inneren des Gründers erfolgen. Er muss selber an den Erfolgt des Produktes glauben und überzeugt davon sein, dass dieses einen Nutzen bringt, welches für den Konsumenten einen echten Vorteil darstellt. Probleme werden durch das Produkt oder die Dienstleistung gelöst und Vorgänge vereinfacht.

SUBB211

Die Unternehmensidee sollte auf diesem Prinzip beruhen und die Entwicklung des Produktes vor allem aus diesem Zweck vorangetrieben werden. Am Ende des Prozesses sollte nicht der mögliche Gewinn als Hauptzweck festgestellt, sondern ein wirklicher Nutzen erzielt werden. Hierzu kann schon von Beginn an visualisiert werden, wie das Produkt konkret in der Praxis genutzt wird. Inwieweit ist das Produkt in der Lage Probleme zu lösen und welcher Nutzen kann verwirklicht werden?

Solch eine Vorstellung und Vision zu besitzen, stellt schon genügend Motivation bereit, um das eigentliche Ziel zu erreichen. Auch wenn gerade am Anfang einige Hürden vorhanden sind und die Selbstständigkeit mit einigen Anstrengungen verbunden ist, wird diese Vision zusätzliche Kräfte verleihen. Fehlt diese Vision und ist das gesamte Projekt nur von Profitinteressen getrieben, wird es höchstwahrscheinlich zum Scheitern verurteilt sein. Dies sollte beim Weg in die Selbstständigkeit beachtet werden. Es gibt einige andere und vor allem einfachere Möglichkeiten, das Einkommen zu steigern. Eine Weiterbildung oder eine andere Ausrichtung der Karriere können sich als vielversprechender herausstellen,

SUBB212

als die Gründung eines Unternehmens.

Liegt jedoch die innere Vision vor, wird diese tagtäglich einen neuen Motivationsschub bringen. Erledigte Aufgaben werden mit einem Glücksgefühl belohnt und es ist ein bestärkendes Gefühl, dem Ziel wieder einem Schritt näher zu sein. Die Vision ist so etwas wie eine Leitplanke für das Projekt der Selbstständigkeit. Sie gibt eine Richtung vor und hilft, nicht auf die Ablenkungen des Alltags hereinzufallen. Es gibt einige Verlockungen, die während der harten Arbeit als sinnvoller erscheinen und zumindest kurzfristig einen kleinen Glücksschub geben. Wirkliche Zufriedenheit wird aber nur erreicht, indem der eigene Traum verfolgt wird. Der Begriff der Vision ist allerdings sehr vielfältig einsetzbar. Häufig wird dieser missverstanden und mit etwas Perfektem gleichgesetzt. So wird die Vision des eigenen Unternehmens bereits mit dem perfekten Endresultat auf eine Stufe gesetzt und es besteht eine unrealistische Vorstellung von dem, was aus der Selbstständigkeit einmal erwachsen soll. Diese Definition der Vision führt schnell zu einer Unzufriedenheit, denn es wird sich schnell herausstellen, dass dieser Zustand kaum zu erreichen sein wird. Generell ist Perfektion als Unternehmer

SUBB213

selten erstrebenswert. Führt es doch eigentlich nur dazu, dass notwendige Arbeiten nicht abgeschlossen werden, weil es immer noch kleine Details gibt, die verbessert werden könnten. Wie sollte jetzt die eigene Zukunft visualisiert werden?

Eine Mission kreieren

Um ein besseres Leitbild zu erschaffen, gibt es eine bestimmte Vorgehensweise. Diese hilft dabei, ein realistisches Bild über die Zukunft zu gestalten. Im ersten Schritt dient wieder die Vision als leitgebend. Die Vision ist entweder ein Gefühl oder Endzustand, dass durch die Unternehmung verbreitet werden soll. Als Hilfestellung können die Leitmotive anderer Großunternehmen dienen. So hat Microsoft die Wunschvorstellung, dass in jedem Haushalt ein PC stehen soll, auf dem die Software von Microsoft läuft. Vergleicht man dieses anfängliche Motiv mit dem jetzigen Zustand, kann festgestellt werden, dass dieses Ziel mit einem hohen Verwirklichungsgrad erreicht wurde. Auch andere Unternehmen besitzen ein Hauptziel, das ihr Handeln beschreibt. Ikea zum Beispiel strebt an, den Alltag der Menschen zu verbessern. Wikipedia möchte hingegen vor allem das Wissen verbreiten und frei zur Verfügung stellen. Wie könnte die Vision für das eigene Unternehmen aussehen? Es muss nicht gleich so anspruchsvoll sein, dass es darauf abzielt das Leben der gesamten Menschheit zu verbessern. Aber worin besteht eigentlich der Nutzen und wie kann der innere Antrieb des Unternehmens beschrieben werden?

Nachdem die Vision als oberstes Ziel feststeht, muss erörtert werden, wie dieses Ziel umgesetzt werden kann. Muss dafür ein bestimmtes Produkt entwickelt oder eine Dienstleistung angeboten werden? Auf welche Weise können Konsumenten und Nutzer am besten von dieser Vision profitieren? Als Beispiel kann hierfür Facebook angesehen werden. Die Plattform möchte den Nutzern eine Möglichkeit geben sich miteinander zu vernetzen und die eigenen Gedanken und das Leben zu teilen. YouTube verfolgt den Ansatz, dass Videos schnell und frei für jedermann abgerufen werden können. Zudem sollten Nutzer selber Videos hochladen können. Wie ist jetzt also der Ansatz beim eigenen Unternehmen? Können Nutzer daran aktiv mitwirken oder auf welche Weise wird die Mission erfüllt?

SUBB215

Nachdem die eigene Mission und die Vision kreiert wurden, muss diese Idee in die Tat umgesetzt werden. Nicht nur Geschäftsmodelle basieren heutzutage auf digitale Plattformen und nutzen das Internet für sich. Als Gründer bietet das Internet ebenfalls einige Vorteile. Um den Einstieg zu erleichtern, gibt es zahlreiche Möglichkeiten, das eigene Wissen zu steigern und sich Tipps für die Gründungsphase zu holen. Ein Grundbaustein kann hierfür unter dem Überbegriff des E-Learnings gefunden werden.

Kurse werden online angeboten und können entweder in Video- oder in Skript-Form abgerufen werden. Vorteilhaft an solchen Onlineseminaren ist, dass diese gemeinsam mit anderen „Studenten" genutzt werden können. Hierfür wird oftmals ein gemeinsames Forum angeboten. Dieses ähnelt dem alten Klassenraum und wird vor allem zur Kommunikation unter den Studenten genutzt. Dadurch werden Lerninhalte besser eingeprägt und die Motivation steigt, die eigenen Ideen zu verwirklichen.

Neben diesen Plattformen bietet das Internet noch weitere Möglichkeiten, um dieses Wissen zu nutzen. Gerade im

SUBB216

Bereich der Gründung gibt es einige Blogs, die praktischer-
weise eine Schritt-für-Schritt Anleitung bieten. Natürlich ist
hierbei immer etwas Vorsicht geboten und es muss darauf
geachtet werden, dass die Informationen vertrauenswürdig
und aktuell sind. Die Webseiten können aber bereits aufzeigen,
worauf bei der Gründung zu achten ist.

Wie wichtig die Organisation des gesamten Vorhabens
ist, wurde bereits verdeutlicht. Auch bei der Umsetzung sollte
sehr gewissenhaft und organisiert vorgegangen werden. Ideen,
die für die Umsetzung der eigenen Vision genutzt werden,
sollten festgehalten werden. Hierfür ist es hilfreich, wenn
zunächst alle Möglichkeiten auf einem Whiteboard oder
Flipchart zusammengetragen werden. Anschließend können
die Punkte mit Kunden oder anderen Personen besprochen
werden.

Generell ist es vorteilhaft, wenn so oft wie möglich ein
äußerer Einblick gewährt wird. Dies ermöglicht eine Einschätzung, wie realistisch die Umsetzung des Vorhabens ist.
Zudem werden durch die Ideen der Außenstehenden ganz
neue Perspektiven eröffnet. Diese können Tipps äußern, wie

SUBB217

die Vision generell zum Erfolg wird.

Bei der Auswahl der Außenstehenden, die um ein Feedback zur Geschäftsidee gebeten werden, sollte allerdings darauf geachtet werden, welche Personen Ihre Meinung abgeben. Feedback ist hilfreich, es muss aber immer im Kontext zur Person betrachtet werden. Jemand, der bereits den Schritt in die Selbstständigkeit gewagt hat und damit keinen Erfolg hatte, wird wahrscheinlich sehr viel ängstlicher das Geschäftsvorhaben betrachten. Auf der anderen Seite verfügt die Person auch über praktisches Wissen und kann einen realistischen Einblick gewähren.

Dennoch gilt, dass das Feedback immer nur als Hinweis verstanden werden sollte. Ist man selber von der Vision überzeugt und besteht kaum ein finanzielles Risiko bei der Umsetzung, dann sollte negatives Feedback einen noch nicht zur Aufgabe zwingen. Wichtig ist hierbei, dass Durchhaltevermögen bewiesen werden sollte. Handelt es sich allerdings um konstruktive und berechtigte Kritik, sollte diese angenommen und nicht verdrängt werden.

SUBB218

218

Mit diesen Methoden kann die Umsetzung der eigenen Mission gelingen und die Selbstständigkeit in Angriff genommen werden. An erster Stelle sollte die Vision stehen, dem Kunden einen einmaligen Nutzen zu bieten. Danach erfolgt die eigentliche Überlegung, in welcher Weise der Nutzen generiert und das eigene Unternehmen profitieren kann.

Mastermind-Prinzip

Die Gründung stellt eine große Herausforderung dar. Gerade in Deutschland sind die Anforderungen sehr hoch und neben der eigentlichen Geschäftsidee müssen einige Auflagen beachtet werden. Der Weg in die Selbstständigkeit ist also mit einem hohen Aufwand und Kenntnissen verbunden. Es ist wenig empfehlenswert, diesen steinigen Weg alleine zu gehen. Kaum jemand wird in der Lage sein, in allen Wissensbereichen, die für die Selbstständigkeit gebraucht werden, die erforderlichen Kenntnisse zu besitzen. Jede Person wird auf manchen Gebieten talentierter sein und es ist zudem wenig sinnvoll, in allen Bereichen ein Experte sein zu wollen.

Diese Schwierigkeiten bedeuten allerdings nicht, dass

SUBB219

die Gründung immer im Team und mit mehreren Personen erfolgen muss. Es ist durchaus möglich, auch alleine das Unternehmen aufzubauen. Allerdings ist es hilfreich, wenn externe Personen in den Gründungsprozess einbezogen werden. Diese können Ratschläge geben oder bei Problemen eine Lösung bieten. Der Aufbau eines „Mastermind-Teams" ist von entscheidender Bedeutung für den Erfolg der Selbstständigkeit. Hierbei geht es darum, ein Netzwerk zu schaffen, das als Unterstützung für die Selbstständigkeit genutzt werden kann.

Diese „Masterminds" können zu einem festen Team vernetzt werden. Wer diese Personen sind und welche Funktion diese haben ist völlig offen. Falls Mitgründer bestehen, sollten diese Teil des Teams sein. Es können aber auch andere Selbstständige sein, die sich entweder gerade selber in der Gründungsphase befinden oder bereits über etwas mehr Erfahrung verfügen. Auf Messen oder anderen Veranstaltungen bestehen ebenfalls Möglichkeiten, Personen anzutreffen, die für das eigene Netzwerk von großer Bedeutung sein könnten.

SUBB220

Die einzelnen Personen sollten dabei nicht unabhängig voneinander agieren. Besser ist es, wenn wirklich eine gemeinsame Gruppe aufgebaut wird, in der die Mitglieder voneinander profitieren können. Jede Person bringt Ihr Wissen in die Gruppe ein und am Ende entstehen Synergieeffekte. Damit die Energie auch wirklich aufgenommen wird, sind regelmäßige Treffen anzuraten. Der alleinige Austausch über digitale Kommunikationsplattformen kann zwar helfen, um das Wissen auszutauschen, aber die zwischenmenschliche Komponente fehlt. Mit anderen Gründern an einem Tisch zu sitzen und Ideen auszutauschen bringt zudem eine ganz neue Energie mit sich. Neue Ideen können aufgenommen werden und nach solch einem Treffen ist die Motivation, die eigene Vision umzusetzen mit Sicherheit nochmal höher.

Damit solch ein Aufbau einer Gruppe erfolgreich ist, sollte eine Harmonie unter den Mitgliedern herrschen. Andernfalls könnte Missgunst die Stimmung beeinträchtigen und die Gruppendynamik wird eher als negativ wahrgenommen.

Gelingt es allerdings eine kleine Gruppe aus vielleicht

SUBB221

einer Handvoll Mitgliedern aufzubauen, die in einem regelmäßigen Austausch stehen, ist ein höherer Erfolg des Unternehmens zu erwarten. Zudem dienen Treffen als Ideenaustausch und die Motivation wird auf ein höheres Level gehoben. Insbesondere kreative Personen, die eine bestimmte Vorstellung von der Zukunft haben, können innerhalb der Gruppe als wertvoll wahrgenommen werden.

Der langfristige Erfolg

Gelingt der Start in die Selbstständigkeit und es sind erste Erfolge zu sehen, ist dies mit Sicherheit ein wahnsinnig gutes Gefühl. Endlich können die Früchte der harten Arbeit geerntet werden und die anstrengende Zeit der Gründungsphase macht sich finanziell positiv bemerkbar.

Die ersten Erfolge sind mit Sicherheit ein Grund zur Freude. Allerdings muss auch daran gearbeitet werden, dass dieser Erfolg langfristig erhalten bleibt. Schließlich soll das Unternehmen nicht nur für einige Monate am Markt bestehen, sondern im besten Fall sich langfristig als feste Größe etablieren können. Andernfalls wird es kaum möglich sein,

SUBB222

den eigentlichen Hauptberuf zu verlassen und sich voll und ganz der Selbstständigkeit widmen zu können. Die folgenden Punkte sind daher wichtig, damit das Unternehmen für die nächsten Jahre weiterhin ein Wachstum aufweist und erfolgreich am Markt bestehen kann.

Eine erste Erfahrung, die gemacht werden muss, ist das eigene Umfeld zu betrachten. Leider ist es in der heutigen Gesellschaft so, dass einige Personen selber unzufrieden mit der eigenen Situation sind und daher anderen Menschen keinen Erfolg gönnen. Anstatt sich selber einzugestehen, dass das Vorhaben der Selbstständigkeit für jeden Menschen möglich ist, sehen Sie vor allem die negativen Eigenschaften. Sie argumentieren, dass die Gründung sowieso nicht funktionieren würde und wenden diese Gedankengänge aus Selbstschutz an. Mit dem ersten Erfolg werden die Stimmen aus dem Umfeld wahrscheinlich noch lauter, die am besten keine Veränderung der eigenen Person wünschen. Anstatt diesen Leuten Gehör zu schenken, sollten diese ignoriert werden. Stellen diese sich permanent als negativ heraus, ist es besser, wenn diese aus dem Umfeld verbannt werden. Es mag zwar schmerzlich sein, wenn der Kontakt zu solchen

SUBB223

Freunden minimiert wird, aber wohl jeder kennt solche Personen, die keine Veränderung wünschen und es am liebsten hätten, wenn alles beim Alten bleiben würde. Solche negativen Einflüsse kosten nur Energie, die bei der Führung des Unternehmens fehlt.

Die Energie ist auch der nächste wichtige Punkt, wenn es um die Selbstständigkeit geht. Häufig werden völlig falsche Annahmen darüber getroffen, wie schnell sich der Erfolg der Selbstständigkeit einstellen sollte. Es besteht die Hoffnung, innerhalb weniger Wochen bereits ein profitables Unternehmen zu gründen. Die Wahrheit ist allerdings, dass dies in den seltensten Fällen zutreffend ist. Als Konsequenz geben viele Gründer bereits in kurzer Zeit auf und gelangen erst gar nicht an den Punkt, an dem das Unternehmen auf eigenen Beinen stehen kann.

Die Selbstständigkeit ist nur mit großer Ausdauer von Erfolg gekrönt. Anstatt direkt bei der ersten Niederlage aufzugeben, sollten diese Herausforderungen angenommen und die Probleme gelöst werden. Hierfür ist einiges an Disziplin notwendig, um auch in den schlechten Phasen weiterhin am

Unternehmen zu arbeiten. Dies sollte allerdings von Anfang an bedacht werden. Die Erfüllung der eigenen Vision ist sicherlich nicht innerhalb weniger Wochen und Monaten umsetzbar. Und wo wären Erfolgsfiguren wie Bill Gates oder Steve Jobs, wenn Sie schon nach wenigen Wochen aufgegeben hätten? Nicht ohne Grund haben Sie Jahre damit verbracht und praktisch Ihre gesamte Lebensenergie dafür aufgewendet, das Unternehmen nach vorne zu bringen und zu einem Erfolg zu führen.

Im Sinne der Ausdauer zählt nicht nur die Gesamtzeit, die in die Selbstständigkeit investiert wird. Wenn die Gründung des Unternehmens im Nebenberuf erfolgt, ist die Zeit ohnehin stark begrenzt. Wichtig ist nun, dass die wenige Zeit, die zur Verfügung steht, immerhin so intensiv wie möglich genutzt wird. Es ist ein Unterschied, im Fitnessstudio für eine Stunde halb-motiviert auf dem Ergometer zu sein oder für 20 Minuten Vollgas zu geben. Die 20 Minuten werden wesentlich intensiver und besser für den Körper sein.

Genauso sollte es auch bei der Selbstständigkeit sein. Während der Zeit, die für die Gründung aufgebracht wird,

SUBB225

sollte ein voller Fokus bestehen. Alle Nebensächlichkeiten gehören ausgeblendet. Dazu gehört, dass private Nachrichten auf dem Smartphone ignoriert und mögliche Ablenkungen im Internet nicht wahrgenommen werden. Wem es hilft, kann dazu auch verschiedene Programme nutzen, die bestimmte Webseiten sperren. So kann die Zeit nicht etwa unbewusst doch auf Facebook oder YouTube verschwendet werden.

Auch bei der Auswahl der Teammitglieder und des näheren Umfeldes sollten Personen eingebracht werden, die diesem Charakter entsprechen. Indem Sie dieselbe Motivation und Arbeitsweise an den Tag legen, können Sie das Unternehmen viel besser mitgestalten und die Energie ist geradezu ansteckend.

Das Studium ist keine Voraussetzung

Die Selbstständigkeit ist mit einigen Schwierigkeiten verbunden. Schnell könnte daher der Eindruck entstehen, dass ein BWL-Studium Pflicht ist, um die wirtschaftlichen Zusammenhänge zu verstehen und das Unternehmen profitabel zu gestalten.

SUBB226

In Wahrheit bereitet da BWL-Studium aber so gut wie gar nicht, auf die harte Realität der Selbstständigkeit vor. Meist werden <u>Vorlesungen</u> in überfüllten Hörsälen abgehalten und die Themen werden eher theoretisch behandelt. Schließlich geht es mehr darum, wissenschaftliche Theorie zu lehren, als den Studenten den Einstieg in die Selbstständigkeit zu erleichtern. Das BWLStudium ist für die Selbstständigkeit also nicht wirklich notwendig.

Wenn also die Idee bereits in jungen Jahren besteht und die Selbstständigkeit verfolgt werden möchte, ist es besser diese so schnell wie möglich umzusetzen. Egal ob gerade das Abitur beendet wurde und noch nicht klar ist, wohin es gehen soll oder gerade eine <u>Ausbildung</u> angefangen wurde. Es gibt keinen besseren Moment, um den Schritt in die Selbstständigkeit zu wagen, als in diesem Augenblick. Die Absicht, erst ein Studium abzuschließen, um danach die Gründung vorzunehmen ist nicht mehr als eine Ausrede, um nicht sofort das Risiko einzugehen. Das Studium bedeutet einfach nur, dass das Unternehmen mit drei Jahren Verspätung am Markt etabliert werden kann. Besteht bereits eine Idee und soll diese umgesetzt werden, gibt es keinen Grund damit zu warten.

SUBB227

Auf der anderen Seite sollte dies aber nicht so verstanden werden, dass ein Studium abgebrochen werden soll. Vielmehr geht es darum, das Lernen als nützlich zu empfinden. Selbst wenn es sich um fachfremde Themen handelt, ist die Universität ein geeigneter Ort, um Selbstdisziplin und strukturiertes Arbeiten zu erlernen. Dies sind Eigenschaften, die für jeden Selbstständigen unerlässlich sind. Zudem muss auch das Lernen in gewisser Weise erlernt werden. Im Studium besteht die Möglichkeit herauszufinden, welche Art des Lernens den größten Erfolg mit sich bringt.

Ein Studium ist für die Selbstständigkeit also nicht zwingend notwendig. Anstatt sich auf einen wirtschaftlichen Abschluss zu verlassen, sollte der Gang in die Selbstständigkeit selber gewagt werden. Das notwendige Wissen kann entweder selber erlernt oder durch äußere Experten eingebracht werden.

Körper und Geist in Gleichgewicht bringen

Auch wenn die Motivation hoch erscheinen mag und der Weg in die Selbstständigkeit gewählt wird, sollte beachtet werden, dass damit große Anstrengungen einhergehen.

SUBB228

Zu Beginn mag dies noch gar nicht so stark zum Ausdruck kommen und es wird sich anfühlen, als würde die Motivation förmlich Flügel verleihen. Die Energie ist allerdings begrenzt und nach der ersten anfänglichen Hochphase, gibt es sicherlich auch Momente, in denen kaum mehr Kraft vorhanden sein wird, um die Arbeit fortzusetzen. Dies können bereits erste Anzeichen eines Burn-outs sein und diese Gefahr sollte gerade bei der Gründung neben dem Hauptberuf beachtet werden.

Ein gesunder Geist kann nur seine Höchstleistung abrufen, wenn er sich in einem gesunden Körper befindet. Grundvoraussetzung dafür ist genügend Bewegung. Durch den Alltag wird die Bewegung mit Sicherheit stark eingeschränkt sein. Die meiste Zeit wird im Büro sitzend vor einem Bildschirm verbracht. Daher ist es wichtig, an anderer Stelle den notwendigen Ausgleich zu schaffen. Für viele Personen bedeutet dies der Besuch eines Fitnessstudios. Dort kann der Körper so richtig ausgepowert werden. Zahlreiche Studien haben bewiesen, dass diese körperliche Tätigkeit mit einer höheren Leistungsfähigkeit und Zufriedenheit im Leben einhergeht. Regelmäßig zwei bis dreimal in der Woche in das

SUBB229

Fitnessstudio zu gehen und dort entweder Kraft- oder Aus-
dauertraining zu betreiben hat also einen großen positiven
Einfluss auf das Wohlbefinden. Auch hier sollte der Grundsatz
befolgt werden, dass die Zeit möglich intensiv genutzt wird.
Eine halbe Stunde voller Einsatz ist wesentlich effektiver, als
eine Stunde nur unmotiviert an den Geräten zu verbringen.
Es können aber natürlich auch andere Kurse genutzt werden,
um einen Ausgleich zu schaffen.

Als zweiter Punkt sollte die Ernährung beachtet werden.
Nicht umsonst gilt der Grundsatz „Du bist, was Du isst". Das
Gehirn, als Motor, benötigt die passende Energiezufuhr in
Form von gesunden Lebensmitteln. Die Mahlzeiten sollten
über den Tag verteilt werden und möglichst vollwertig sein.
Eine Mischung aus Proteinen, gesunden Fetten und lang-
kettigen Kohlenhydraten ist wichtig, um dem Körper die
benötigte Energie zur Verfügung zu stellen. Frische Lebensmittel sind zu diesem Zweck besser, als Fertiggerichte und
stark verarbeitete Gerichte.

Grob gerechnet verbringen wir etwa ein Drittel unse-
rer Lebenszeit mit dem Schlafen. Nur indem der Körper

SUBB230

ausgeruht in den Tag starten kann, besitzt dieser genügend Energie, um alle Arbeiten erledigen zu können. Wer den ganzen Tag über müde ist, wird nicht nur weniger produktiv, sondern auch unglücklicher sein. Auch wenn die Zeit begrenzt ist, sollte am Schlaf nicht gespart werden. Wer seinen Schlaf verkürzt, wird dadurch nicht Zeit gewinnen, sondern in den meisten Fällen eher verlieren. Wichtig ist auch, dass eine gründliche Schlafhygiene betrieben wird. Dazu zählt, dass das Smartphone nicht zum Einschlafen genutzt wird und das keine elektronischen Medien mehr genutzt werden. Andernfalls fällt es schwerer einzuschlafen und die Schlafqualität sinkt insgesamt.

Meditation

Einen Ausgleich zur stressigen Zeit der Gründung zu schaffen ist wichtig. Nicht nur der Körper muss höchsten Ansprüchen genügen und am besten mit Sport trainiert werden. Auch der Geist benötigt eine Auszeit und sollte nicht ständig dem Stress der Arbeitswelt ausgesetzt sein. Die Meditation ist eine hervorragende Möglichkeit, um gedanklich aus dem Arbeitsalltag auszubrechen und ganz neue Erfahrungen

SUBB231

aufzunehmen. Durch das ganz bewusste „Abschalten" ist es möglich, dem Geist etwas Ruhe und Abstand zum Stress zu gönnen. Die Meditation kann dabei nach den eigenen Vorstellungen gestaltet werden und sicherlich führt die Anwendung einer passenden Meditationstechnik nicht nur zu etwas mehr Ausgleich, sondern auch zu höheren Leistungen.

Die Meditation fördert ein ganz neues Bewusstsein. Es geht bei dieser Anwendung vor allem darum, den Geist auf das Hier und Jetzt zu fokussieren. Die gesamte Umgebung wird ausgeblendet und nicht wahrgenommen. Gedanken an den nächsten Kundentermin oder Behördengang werden komplett ausgeblendet. Dies führt nicht nur zu einem insgesamt niedrigeren Stresspegel, sondern fördert auch die Konzentrationsfähigkeit während der Arbeit.

Da ohnehin schon wenig Zeit für die Selbstständigkeit neben dem Hauptberuf zur Verfügung steht, sollte diese wenigstens so effizient wie möglich genutzt werden. Durch die Meditation wird der Geist so trainiert, dass dieser besser in der Lage ist sich auf die jetzige Aufgabe zu konzentrieren. Die Gedanken schweifen nicht mehr ab und auch

SUBB232

andere Ablenkungen, wie das Smartphone, erscheinen eher nebensächlich und werden nicht mehr als Belastung wahrgenommen. Dies ermöglicht es dem Geist in eine Art „Flow" zu geraten. Dieser Zustand beschreibt den Moment der höchsten Konzentration. Die Arbeit geht viel leichter von der Hand und am Ende kann mit Überraschen festgestellt werden, wie viel eigentlich in dieser kurzen Zeit geschafft werden konnte. Es dauert allerdings einige Minuten der vollen Konzentration, bis dieser Zustand erreicht werden kann. Wird die Arbeit unterbrochen, kann die Wirkung des „Flows" nicht zum Ausdruck kommen. Daher ist die Meditation ein wichtiges Mittel, um nicht nur den Stress zu reduzieren, sondern auch die Arbeitszeit besser zu nutzen. Anstatt ein paar Stunden halbherzig zu verwenden und von allen möglichen Nebensächlichkeiten abgelenkt zu sein, wird der Fokus voll und ganz auf die Arbeit gelenkt.

Das Positive an der Meditation ist, dass diese praktisch überall und in relativ kurzen Einheiten ausgeführt werden kann. Es muss nicht immer eine halbe Stunde sein, die mit der Meditation verbracht wird. Kurze Einheiten von fünf Minuten können schon einen positiven Effekt haben. Daher gibt

SUBB233

es auch während der Ausübung des Hauptberufes bestimmt mehr als genug Gelegenheiten, die Meditation oder zumindest eine Achtsamkeitsübung auszuführen.

Wer zu Fuß oder mit dem Fahrrad den Arbeitsweg bewältigt, kann diesen Weg bereits für sich nutzen. Normalerweise wird der Arbeitsweg gar nicht mehr bewusst wahrgenommen. Er wird so oft abgefahren, dass die Teilnahme am Verkehr unterbewusst geschieht. Als Form der Achtsamkeit kann dieser Umstand genutzt werden, indem das Bewusstsein auf die aktuelle Tätigkeit gerichtet wird. Anstatt also nur im Unterbewusstsein zu laufen oder mit dem Fahrrad zu fahren, sollte dies ganz aufmerksam verfolgt werden. Die Fahrt wird nach Möglichkeit mit allen Sinnen wahrgenommen. Jedes noch so kleine Detail kann dazu mit einem Sinneseindruck verknüpft werden. Ein zentraler Punkt ist hierbei die Atmung. Diese sollte ebenfalls ganz bewusst verspürt werden.

Auch am Arbeitsplatz kann diese Achtsamkeit als Form der Meditation geübt werden. Hierfür bieten sich schon kleine Freiräume an. Dazu kann zum Beispiel die Zeit genutzt

SUBB234

werden, wenn der Computer gerade hochfährt oder gerade der erste Kaffee warm gemacht wird.

Die einzelnen Aufgaben können ebenfalls viel bewusster bearbeitet werden. Indem das Bewusstsein auf die gegenwärtige Arbeit gelenkt wird, steigt mit der Zeit die Konzentrationsfähigkeit und weniger Ablenkungen werden wahrgenommen. Allerdings muss auch hier das Zugeständnis erfolgen, das es nicht an jedem Arbeitsplatz einfach möglich ist, die Ablenkungen auszublenden. Telefonanrufe müssen beantwortet werden und es muss zumindest ein Überblick über den E-Mail-Verkehr bestehen. Aus diesem Grund kann es hilfreich sein, die Arbeit zu strukturieren. E-Mails werden nicht mehr umgehend beantwortet, sondern nur in bestimmten Zeiträumen. Dadurch wird die Konzentration nicht immer abgelenkt, sondern bleibt viel eher bei der eigentlich zu erledigenden Aufgabe.

Bei der Meditation geht es also nicht unbedingt darum, möglichst lange auf einer Position zu verharren und das Bewusstsein zu verändern. Es können schon viele kleine Gesten der Achtsamkeit helfen, die Konzentration zu verbessern und den Stress zu reduzieren. Insofern ist die Meditation das Gegenstück zum Fitnessstudio, das für jeden Gründer empfehlenswert ist.

Mithilfe dieser Tipps sollte der Start in die Selbstständigkeit noch besser gelingen und von Erfolg gekrönt sein. Durch eine gesunde Balance des Arbeits- und Privatlebens kann eine hohe Zufriedenheit erreicht werden, ohne an Stresserkrankungen, wie dem Burn-out zu leiden.

Hinter all dem Ehrgeiz sollte die Lebensqualität nicht zu kurz kommen und der Spaß behalten werden. Nur auf diese Weise wird es möglich sein, langfristig die Freude an der Selbstständigkeit zu behalten.

SUBB236

MEDITATION

KAPITEL 11

Abschließende Worte und weitere Empfehlungen.

Die Theorie in die Praxis umsetzen

NACH DEM LESEN DIESES Buches wird vor allem jede Menge theoretisches Wissen vorhanden sein, mit dem der Gang in die Selbstständigkeit wesentlich leichter fällt. All die Theorie bringt aber nichts, wenn dieses nicht in die Praxis umgesetzt wird. Daher ist ein wichtiger Tipp, dass es jetzt konkret an das Gestalten des Unternehmens geht.

Dazu gehört, dass die Idee und das Geschäftsmodell zu Papier gebracht, verschiedene Namen ausprobiert und die nächsten Schritte geplant werden. Die Gründung des Unternehmens kann wie ein Projekt gestaltet werden. Hierbei ist ebenfalls wichtig, dass es Meilensteine gibt und dass diese zu bestimmten Zeitpunkten umgesetzt sein sollen. Wer immer nur die Aufgaben vor sich herschiebt und diese nicht angeht, wird niemals das eigene Unternehmen gründen.

SUBB239

Daher ist einiges an Selbstdisziplin notwendig, um die erforderlichen Schritte durchzuführen. Eine Gefahr, die bei der Gründung besteht, ist der Hang zur Perfektion. Gerade zu Beginn besteht die Vorstellung vom Unternehmen und wie dieses genau aufgebaut sein soll. Anstatt allerdings Tage dafür aufzubringen, den passenden Namen zu finden, sollte schnell ein halbwegs gut klingender Unternehmensname gewählt und danach die nächsten Aufgaben angegangen werden.

Die Gefahr der Prokrastination, also des Aufschiebens wichtiger Aufgaben, während der Gründungsphase ist riesig. Es gibt einige Herausforderungen, die zu Beginn praktisch als unlösbar gelten. Welche Unternehmensform ist die beste und wie wird die nächste Steuererklärung ausgefüllt? Um sich diesen größeren Problemen nicht stellen zu müssen, wird lieber Zeit in unwichtige Nebendetails vertan. Da scheint die Farbgebung der Corporate Identity schnell wichtiger, als die wahren Details, die das Unternehmen ausmachen.

Wer selber von sich weiß, dass er gerne die schwierigen Dinge aufschiebt, sollte diese direkt von Anfang an aus der Welt schaffen oder zumindest eine passende Strategie

SUBB240

entwickeln. Dafür ist die externe Hilfe von Vorteil. Ein Steuerberater kann gleich zu Beginn der Gründung einbezogen werden, selbst wenn die eigentliche Geschäftstätigkeit noch gar nicht aufgenommen wurde. Mit der Sicherheit im Rücken, dass solch komplexe Themenfelder bereits abgeklärt wurden, fällt die Arbeit direkt viel leichter. Damit sind auch positive Effekte verbunden und der gesamte Projektverlauf wird beschleunigt.

Zudem sollte nicht der Eindruck entstehen, dass aus dem Nebengewerbe heraus nichts Großes entstehen könnte. Dies ist eine einschränkende Geisteshaltung, die nicht der Realität entspricht. Als positives Beispiel kann Steve Wozniak erwähnt werden. Dieser war zunächst nur nebenberuflich an der Entwicklung des Apple 1 tätig. Später wurde dieser jedoch zu eines der prominentesten Gesichtern bei Apple und war maßgeblich für deren Erfolg verantwortlich.

Natürlich muss das eigene Gewerbe nicht direkt den Vergleich mit Apple antreten. Es zeigt sich allerdings, dass auch mit einer begrenzten Zeit, einiges losgetreten werden kann. Wichtig ist deshalb den ersten Schritt zu wagen. Ist der

SUBB241

erste Stein erst mal ins Rollen gebracht, gehen die weiteren Schritte fast wie von selber.

Für die weitere Entwicklung sollte immer die ursprüngliche Idee im Vordergrund stehen. Das positive Gefühl, welches jetzt gerade auftritt, wenn allein nur an das fertige Unternehmen gedacht wird, sollte bewahrt werden. Gibt es einmal eine schwierige Phase, hilft es sich bereits auf den Ursprung und den eigentlichen Traum zu besinnen. Beim Schritt in die Selbstständigkeit geht es nicht darum, möglichst viel Geld in kurzer Zeit zu erwirtschaften. Durch die eigenen Leistungen und Ideen soll Menschen geholfen werden. Probleme werden gelöst und der Alltag kann sich mitunter verbessern. Der eigene Einfluss mag zwar winzig erscheinen, aber im großen Kontext hilft die Arbeit diesen Menschen.

Das ist es, worauf es ankommt und sollte bei der Gründung im Vordergrund stehen. Die Gesellschaft wird ein Stück weit nach vorne gebracht und verbessert. In welcher Form dies geschieht, ist natürlich abhängig vom Geschäftsmodell. Dennoch trifft dies im Kern auf jedes Unternehmen zu, egal wie klein oder groß dieses ist.

SUBB242

Die Vorteile des Nebenerwerbs nutzen

Auf den ersten Blick mag die Gründung im Nebenerwerb wie eine große Belastung erscheinen. Sicherlich trifft dies in einigen Bereichen auch zu und die Zeit, die in das Unternehmen investiert werden kann, ist stark begrenzt. Dennoch ergeben sich dadurch auch Chancen, die wahrgenommen werden sollten.

An oberster Stelle steht die finanzielle Unabhängigkeit vom Erfolg der Selbstständigkeit. Wird die Selbstständigkeit ohne ein regelmäßiges Einkommen gewagt, ist dies mit einem hohen Risiko verbunden. Es besteht ein ständiger Druck, dass die Selbstständigkeit so schnell wie möglich profitabel sein muss und den Lebensunterhalt bereitstellt.

Wer allerdings in der glücklichen Lage ist einen festen Hauptberuf zu haben, welcher das Einkommen sicherstellt, der besitzt weniger Druck und Stress in Bezug auf die Selbstständigkeit. Anstatt jeden Tag nur auf die Zahlen zu schauen und sich zu fragen, wie die Kredite bedient werden sollen, steht eine sichere Einkommensquelle zur Verfügung. Damit

SUBB243

wird eine Existenzangst abgefedert und der Stress deutlich reduziert.

Die Gründung im Nebenberuf kann zudem positive Effekte für den Hauptberuf haben. Wer seine Selbstständigkeit ankündigt, kann vom Vorgesetzten als kompetenter angesehen werden. Durch den Gang in die Selbstständigkeit werden einige neue Fähigkeiten erlernt. Diese können sowohl im fachlichen Bereich liegen, als auch auf persönlicher Ebene.

Wer das Unternehmen erfolgreich gründet, hat bereits einiges an Disziplin bewiesen, unabhängig davon, ob die Idee letztlich wirtschaftlich profitabel ist oder nicht. Auch ein Scheitern ist mit einem Lernprozess verbunden, welcher im Lebenslauf positiv bewertet wird. Zukünftige Arbeitgeber können die Eigeninitiative als beeindruckend bewerten und damit erhöhen sich die Erfolgschancen bei der nächsten Bewerbung. Wirft das Unternehmen mit der Zeit einen Gewinn ab, wird die eigene Verhandlungsposition im Hauptberuf gestärkt. Es gibt nun eine weitere Einnahmequelle und damit lassen sich Gehaltsverhandlungen deutlich entspannter angehen.

SUBB244

Ein Vorteil, der durch die Basis des Hauptberufs geschaffen wird, ist, dass das eigene Tempo gegangen werden kann. Es kann selber festgelegt werden, wie viel Zeit in die Selbstständigkeit investiert wird. Fordert die Familie gerade etwas mehr Aufmerksamkeit oder gibt es andere Bereiche, die gerade wichtiger erscheinen, kann die Zeit in der Selbstständigkeit etwas reduziert werden. Dadurch besteht nicht der pausenlose Druck, dass dem Gewerbe die ungeteilte Aufmerksamkeit zukommen muss. Durch den Hauptberuf besteht die Möglichkeit, sich mal eine kleine Verschnaufpause zu gönnen. Dies wäre bei der Gründung im Hauptberuf kaum möglich, da der Druck besteht, auf diese Einnahmen angewiesen zu sein.

Durchhaltevermögen beweisen

Es wurde zwar schon des Öfteren betont, aber kann im Prinzip nicht oft genug wiederholt werden. Der Gang in die Selbstständigkeit ist mit einem steinigen und vor allem langen Weg verbunden. Auf diesem Weg werden einige Herausforderungen auftauchen, die bewältigt werden müssen. Die Probleme werden nicht innerhalb von wenigen Tagen gelöst sein und meistens dauert es etwas länger.

SUBB245

Wichtig in den Phasen der niedrigen Motivation ist, nicht das Gesamtziel aus den Augen zu verlieren. Schließlich geht es bei der Selbstständigkeit und der Gründung des Gewerbes darum, den eigenen Traum von der Unabhängigkeit zu verwirklichen. Da sollten kleinere Einschränkungen und etwas stressigere Phasen eingeplant werden.

Manchmal kann es allerdings auch besser sein, das eigene Tempo zu drosseln. Zu Beginn der Gründung ist die Versuchung groß, möglichst die gesamte Freizeit mit der Selbstständigkeit zu verbringen. Dabei kann es vorkommen, dass dem eigenen Geist die Energie entzogen wird und schneller ausgebrannt ist, als es selber wahrgenommen wird. Daher ist es wichtig, sich Ruhepausen zu verordnen. Das Wochenende und der Urlaub sollten nur sehr begrenzt der Selbstständigkeit zur Verfügung gestellt werden.

Ähnlich wie beim Krafttraining gilt auch hier, dass die Erfolge während der Pause entstehen. Wer praktisch pausenlos arbeitet, wird schnell die Quittung seines Körpers erhalten. Daher ist es ratsam, die Gründung mit einem Marathon zu vergleichen. Es geht nicht darum, wer vom Start am

SUBB246

schnellsten ist. Sondern wer kontinuierlich sein Tempo halten kann, wird die Konkurrenz langfristig schlagen können.

Eine Gefahr, die vermieden werden sollte ist auch die frühzeitige Kündigung des Hauptberufes. Sicherlich ist die Versuchung groß, wenn sich erste Erfolge einstellen, dass die Kündigung eingereicht wird. Gibt es doch kaum ein schöneres Gefühl, als endlich sein eigener Chef zu sein. Dennoch sollte auch hier auf die Langfristigkeit geachtet werden.

Eventuell ist der Erfolg gerade saisonbedingt oder nur ein positiver Ausrutscher. Um eine grundlegende Einschätzung zu erhalten, sollte das Gewerbe für längere Zeit bestehen. Ist das Gewerbe über einen Zeitraum von 12 Monaten profitabel und stellt ein ausreichend hohes Einkommen zur Verfügung, kann der Gedanke der Kündigung eingebracht werden. Ein kürzerer Zeitraum wäre mit einem höheren Risiko verbunden und möglicherweise bricht das Gewerbe unvorhergesehen ein und damit fällt auch das Einkommen weg.

SUBB247

Das Wohlbefinden steigern

Wenn die Selbstständigkeit einer der größten Träume im Leben ist, ist dies sicherlich bewundernswert. Wohl jeder träumt davon, unabhängig zu sein und nicht mehr in der Situation zu stecken, in welcher die eigene Arbeitskraft einem Vorgesetzten zur Verfügung gestellt wird.

Der Traum sollte allerdings nicht alle Bereiche des Lebens überschatten. Handelt es sich um ein Nebengewerbe, ist die Zeit schon deutlich eingeschränkt. Es gibt allerdings Bereiche, die auch während der Gründungsphase eine hohe Priorität genießen sollten. Freunde können ein Verständnis dafür aufbringen, wenn gerade etwas weniger Zeit zur Verfügung steht und Treffen seltener werden.

Die eigene Familie wird dafür allerdings nur wenig Verständnis aufbringen, wenn dieser Zustand über einen längeren Zeitraum anhält. Gerade wenn Kinder ein Teil des Lebens sind, sollten diese niemals zu kurz kommen. Kein Erfolg der Welt wird diese Lebenszeit zurückbringen und am Ende des Lebens geht es vor allem darum, dieses mit positiven

SUBB248

Erfahrungen gefüllt zu haben.

Studien haben bewiesen, dass Geld dabei nur bis zu einem gewissen Grad zu einem glücklicheren Leben führt. Die Grenze liegt etwa beim Durchschnittseinkommen und wird dieses erreicht, ist eine Steigerung des Einkommens kaum mit einer höheren Zufriedenheit verbunden. Nun treten andere Dinge in den Vordergrund, wie die Familie und die Gesundheit.

Daher ist der Gang in die Selbstständigkeit sicherlich begrüßenswert und kann zu einem erfüllten Leben beitragen. Es sollte aber nicht dazu führen, dass andere Bereiche des Lebens dauerhaft vernachlässigt werden. Die Lebenszeit ist begrenzt und unwiederbringlich.

In diesem Sinne sollte der Gang in die Selbstständigkeit auf jeden Fall gewagt werden. Denn zur ganzen Wahrheit gehört auch, dass andernfalls immer die Frage im Raum stünde, wie erfolgreich die eigene Idee wäre und wie das Leben eigentlich anders hätte verlaufen können.

SUBB249

Der einzige Weg um herauszufinden, wie gut die eigene Idee auf dem Markt ankommt, ist die Gründung des Gewerbes. In Verbindung mit der Fortführung des Hauptberufes ergibt sich eine sehr starke Kombination, die viele Chancen ermöglicht und einige neue Erfahrungen mit sich bringt. Ob Erfolg oder Misserfolg, dieser Schritt ist immer mit einer Stärkung der Persönlichkeit verbunden und wer weiß, ob nicht doch die nächste Millionen-Idee auf diese Weise geboren wird?

SUBB250

IMPRESSUM

Impressum:

Cherry Media GmbH

Bräugasse 9

94469 Deggendorf

Deutschland

Fragen? info@cherrymedia.de

SUBB251

WEITERE BÜCHER VON CHERRY FINANCE

· · · · · · · · · · · · · · · · · · · ·

Nutzen Sie diese Bücher um Ihr Fachwissen zu vertiefen und erfolgreich Ihr Geld zu vermehren.

All unsere genannten Bücher können Sie als Audible Neukunde kostenfrei hören. Unter:

https://link.cherrymedia.de/audio

können Sie sich ein kostenfreies Buch Ihrer Wahl aussuchen und sofort auf Ihrem PC, Ihrem Smartphone oder Tablet in voller Länge anhören!

Zugangscode - Kostenfreies e-Book

Gehen Sie auf **https://link.cherrymedia.de/EPUB**
und geben Sie Ihren Zugangscode ein um Ihr kostenfreies e-Book herunterzuladen.

KH17-Y81T-Z12M

Der nachhaltige Vermögensaufbau in Real Estate Investments Trusts (REITs) eignet sich für all die Privatanleger, die einen Teil ihres Ersparten gewinnbringend in Immobilien anlegen und sich somit ein passives Einkommen und ein zweites Standbein aufbauen möchten. Der Autor Friedrich Vester erläutert auf 322 Seiten, was bei einem Investment in REITs beachtet werden sollte und wie ein individuelles REIT-Portfolio aufgebaut wird.

In diesem Buch befasst sich der Autor und Wirtschaftspsychologe Gustav Wiener auf insgesamt 497 Seiten mit dem Thema Börsenpsychologie, das von vielen deutlich unterschätzt wird, doch für Anleger, die erfolgreich handeln möchten, von essenzieller Bedeutung ist. Das Buch ist speziell für die Bedürfnisse von Börsen-Neulingen konzipiert und einfach verständlich verfasst.

Kasimir Malkovic wendet sich in diesem Buch der technischen Finanzmarkta-
nalyse zu, geht zunächst auf die wichtigsten Grundlagen ein und zeigt im Detail
auf, wie Charts richtig analysiert, interpretiert und wie zukünftige Kursverläufe
zuverlässig prognostiziert werden. Die Leserinnen und Leser lernen auf den 271
Seiten dieses Buches alles über die wichtigsten Trendumkehr- und Trendfortsetzu-
ngsformationen, wissen, wie gleitende Durchschnitte und Oszillatoren eingesetzt
werden und erfahren Wissenswertes über diverse Handelssysteme und zum Thema
Moneymanagement.

Stefan Bleikolm führt in diesem zweiten Teil des Buches Aktienhandel für An-
fänger Einsteiger in das Thema Daytrading ein, zeigt die wichtigsten Grundlagen,
die unbedingt gekannt werden sollten, bevor mit dem Trading gestartet wird und
veranschaulicht detailliert, wie Charts analysiert und interpretiert werden. Außer-
dem lernen die Leserinnen und Leser auf den 200 Seiten die Trendfolge-Strategie
kennen und wissen, wie richtig auf Kursschwankungen reagiert wird.

Index

Printed in Poland
by Amazon Fulfillment
Poland Sp. z o.o., Wrocław

63986601R00161